Grundkurs Nähmaschine

Kate Haxell

Bassermann

ISBN 978-3-8094-3642-3

9. Auflage 2021

Fotos: Dominic Harris

Die englische Originalausgabe erschien unter dem
Titel *Me and My Sewing Machine*

Projektleitung dieser Ausgabe: Dr. Iris Hahner
Umschlaggestaltung: Atelier Versen, Bad Aibling
Übersetzung: SAW Communications, Mainz,
Sonja Häußler
Redaktion, Satz und Producing: SAW Communications, Redaktionsbüro Dr. Sabine A. Werner, Mainz, in Zusammenarbeit mit Anke Enders – alles mit Medien, Mainz
Herstellung: Elke Cramer

Penguin Random House Verlagsgruppe
FSC® N001967

FSC
www.fsc.org
MIX
Papier aus verantwortungsvollen Quellen
FSC® C010328

Druck und Bindung: Alföldi Nyomda Zrt., Debrecen

Printed in Hungary

INHALT

Vorwort

Aus einem Stück Stoff hübsche und nützliche Dinge herzustellen, ist ein netter Zeitvertreib, und die Resultate machen mich zufrieden und glücklich. Sie haben sich dieses Buch gekauft – oder ein freundlicher Mensch hat es Ihnen geschenkt –, damit auch Sie dieses Gefühl teilen können. Ich freue mich daher, Sie im Kreise der Nähbegeisterten begrüßen zu dürfen!

An meine eigenen ersten Stiche erinnere ich mich nicht mehr so genau, aber dass meine Schulfreundin aus Versehen ihre Handarbeit an ihrem Rock festnähte, ist unvergesslich. Ich selbst war wohl begabter und verdiente mir ein Taschengeld, indem ich Namensetiketten in die Schulkleidung meiner drei Brüder nähte, sogar in ihre Socken. Ich wurde (im Nachhinein betrachtet ziemlich schlecht) pro Etikett bezahlt, aber meine Mutter (die nicht gern nähte) und ich waren beide glücklich.

Ich habe mir das Nähen völlig unsystematisch angeeignet. Ich lernte von Näherinnen, die besser waren als ich, aus Zeitschriften, aus Büchern – und aus meinen Fehlern. Diese riesigen Wälzer über das Nähen fand ich aber immer recht abschreckend, und ich fragte mich: Wird von mir erwartet, dass ich das alles kann, und wozu um alles in der Welt soll ich das lernen?

Das Nähbuch in Ihren Händen ist anders. Hier finden Sie, was Sie beim Kauf Ihrer Nähmaschine beachten müssen, wie Sie Nähte, Säume und Verschlüsse praktisch umsetzen und wie Sie ihre Arbeiten mit Rüschen, Falten und Bändern lustvoll verzieren. Dieses Buch enthält genau die Informationen und Techniken, die Sie benötigen, um gut auf Ihrer Nähmaschine zu nähen – nicht mehr und nicht weniger. Sie können auch dann den Anleitungen Schritt für Schritt folgen, wenn Sie nie zuvor genäht haben. Ich hoffe, dass Sie und Ihre Nähmaschine beste Freundinnen werden und Sie in der Welt, die sie Ihnen eröffnet, schwelgen können.

Kate Haxell

Wichtige Nähbegriffe

Ich habe versucht, in diesem Buch weitestgehend ohne Fachbegriffe auszukommen, aber ganz ohne geht es nicht. Hier ist eine Liste mit den am häufigsten verwendeten Fachwörtern und der Erklärung, was sie eigentlich bedeuten.

Abnäher
Eine genähte Stofffalte, die einem Kleidungsstück Form verleiht (s. *Abnäher*, S. 71).

Abreißbares Vlies
Ein Produkt, das hinten auf den Stoff gelegt wird, um ihn beim Nähen zu stabilisieren. Es gibt verschiedene Arten, die für verschiedene Zwecke verwendet werden (s. *Spitze annähen*, S. 91 und *Freihandstickerei*, S. 92).

Applikation
Eine Dekorationstechnik, bei der ein Motiv aus Stoff ausgeschnitten und auf einen anderen Stoff genäht wird (s. *Applikationen* S. 93).

Besatz
Ein Stück Stoff, das an den Hauptstoff genäht und dann nach hinten umgeschlagen wird, sodass die Nahtzugaben versteckt sind (s. *Knopfschlaufen*, S. 62/63).

Drehen
Die Nähmaschinennadel im Stoff stecken lassen, den Nähfuß anheben und den Stoff um die Nadel drehen, damit in eine andere Richtung weitergenäht werden kann (s. *Nach außen gerichtete rechtwinklige Ecke*, S. 67).

Einlage
Ein Web- oder Strickstoff, der dazu verwendet wird, Teile von Kleidung oder anderen Nähprojekten zu verstärken oder zu versteifen. Bei schmelzbaren Einlagen besteht eine Seite aus einem Kleber, der durch Hitze aktiviert wird. Eine solche Einlage kann deshalb auf Stoff aufgebügelt werden (s. *Knopfschlaufen*, S. 62/63).

Einschneiden oder einknipsen
Mit den Scherenspitzen kurze Schnitte in die Nahtzugabe machen (s. *Kurve nach außen*, S. 69)

Fadenlauf
Die Richtung, in der die Fäden verlaufen, aus denen der Stoff besteht. Der Kettfaden verläuft der Länge, der Schussfaden der Breite nach. Wenn der Stoff entlang einer dieser Fäden geschnitten wird, wird er „entlang des Fadenlaufs" geschnitten. Wenn er entlang des Schussfadens geschnitten wird, nennt man das manchmal „auf dem Schuss geschnitten".

Gehrung
Die Linie, die eine rechtwinklige Ecke in der Mitte teilt (s. *Briefecken*, S. 46/47).

Heften
Stoffschichten provisorisch und von Hand zusammennähen, damit sie sich beim Nähen mit der Nähmaschine nicht verschieben (s. *Heften*, S. 25).

Kerbe
Das ist ein kleiner, v-förmiger Einschnitt mit den Scherenspitzen in die Nahtzugabe (s. *Kurve nach innen*, S. 68).

Knopfschlaufe
Ein dünner Schlauch aus Schrägband, aus dem eine Schlaufe gebildet wird. Dazu wird er quer gefaltet und an oder in eine Naht genäht (s. *Knopfschlaufen*, S. 62/63).

Linke Seite
Die Stoffseite, die am fertigen Projekt nach innen liegt.

Nähfuß
Der Teil der Nähmaschine, der den Stoff beim Nähen flach auf die Transporteure drückt. Für verschiedene Nähzwecke gibt es unterschiedliche Nähfüße (s. *Nähmaschinenzubehör*, S. 14/15)

Nahtzugabe
Die Stoffmenge zwischen der unversäuberten Schnittkante und der Naht. Beim Nähen von Kleidung hat die Standardnahtzugabe eine Breite von 1,5 cm, aber man sollte immer in der Nähanleitung nachschauen, ob dort eine andere Nahtzugabe angegeben ist (s. *Gerade Linien nähen*, S. 30).

Raffung
Sie entsteht, wenn eine Reihe von lockeren Stichen entlang einer Stoffkante genäht und anschließend der Stoff auf dem Nähfaden zusammengeschoben – also gerafft – wird (s. *Geraffte Rüschen*, S. 86).

Saumzugabe
Das ist die Stoffmenge, die umgeschlagen wird, um einen Saum herzustellen. Bei mehrfachen Umschlägen erhöht sich die Saumzugabe (s. *Saumzugabe*, S. 42).

Rechte Seite
Die Seite des Stoffes, die beim fertigen Projekt außen zu sehen ist.

Schrägband
Ein Stoffstreifen, der im 45-Grad-Winkel zum Fadenlauf geschnitten wurden. Mit dem längs gefalteten Schrägband kann Stoff eingefasst werden (s. *Schrägband herstellen und damit einfassen*, S. 74/75).

Transporteure
Die „Zähne", die durch Lücken in der Stichplatte der Nähmaschine hindurch den Stoff erfassen und transportieren (s. *Wie eine Nähmaschine funktioniert*, S. 11).

Untersteppen
Eine Steppnaht innerhalb der Nahtzugabe, durch die der Besatz flach an den Stoff angelegt wird (s. *Knopfschlaufen*, S. 62/63).

Unversäuberte Kante
Eine Schnittkante des Stoffes, die nicht durch Umnähen oder Einfassen gegen Ausfransen gesichert wurde (s. *Versäubern*, S. 32).

Versäubern
Die unversäuberten Stoffkanten umnähen oder einfassen, um zu verhindern, dass sie ausfransen (s. *Versäubern*, S. 32).

Vliesofix
Dies ist ein durch Hitze aktivierbarer Stoffkleber in Form einer sehr dünnen Schicht auf einem Trägerpapier (s. *Applikationen*, S. 93).

Webkante
Die Kante an der Längsseite des Stoffes, die bei der Herstellung entsteht und nicht ausfranst (s. *Einfacher Saum*, S. 42).

20
15
10

Meine Nähmaschine

Eine Nähmaschine muss heutzutage nicht teuer sein: Sie können eine einfache, preisgünstige neue Maschine kaufen oder auf Auktionsseiten im Internet nach einem Schnäppchen jagen. Wenn Sie sich für Letzteres entscheiden, achten Sie genau darauf, dass Sie auch das bekommen, was Ihnen dort versprochen wird.

Wie eine Nähmaschine funktioniert

Fast alle modernen Nähmaschinen funktionieren im Grunde gleich. Es mag vielleicht Variationen in der Art und Weise geben, wie man die Spule einlegt, wie man den Oberfaden einfädelt und wie man Funktionen auswählt, aber die zugrunde liegenden Prinzipien sind dieselben.

Sie benötigen sicherlich keine detaillierte technische Erklärung dafür, wie alles an allen Maschinen funktioniert, aber ein paar Informationen sind sinnvoll – deshalb sind hier einige Fotos von meiner Nähmaschine, auf denen die wichtigsten Teile beschriftet sind.

Die Betriebsanleitung, die Ihrer Nähmaschine beiliegt, sollte eine ähnliche Beschreibung für Ihre Maschine enthalten. Sollten Sie keine Betriebsanleitung haben, kontaktieren Sie den Hersteller der Maschine, vielleicht kann er Ihnen eine zuschicken, oder Sie schauen im Internet nach. Vielleicht gibt es aber auch bei Ihnen vor Ort ein nettes Nähmaschinen- oder Stoffgeschäft, in dem man Ihnen Ihre Maschine erklären kann.

Seitenansicht

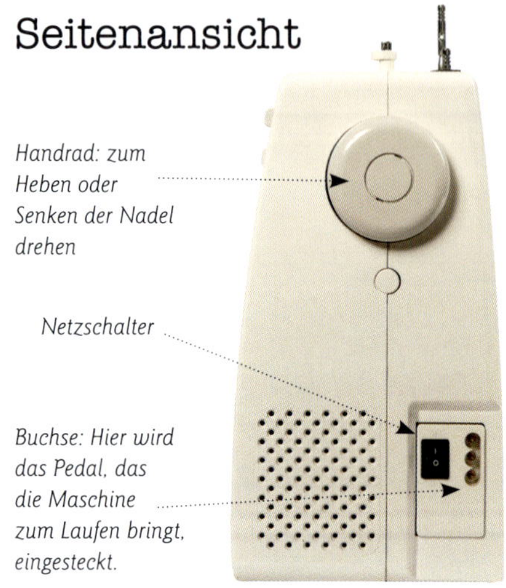

Vorderansicht

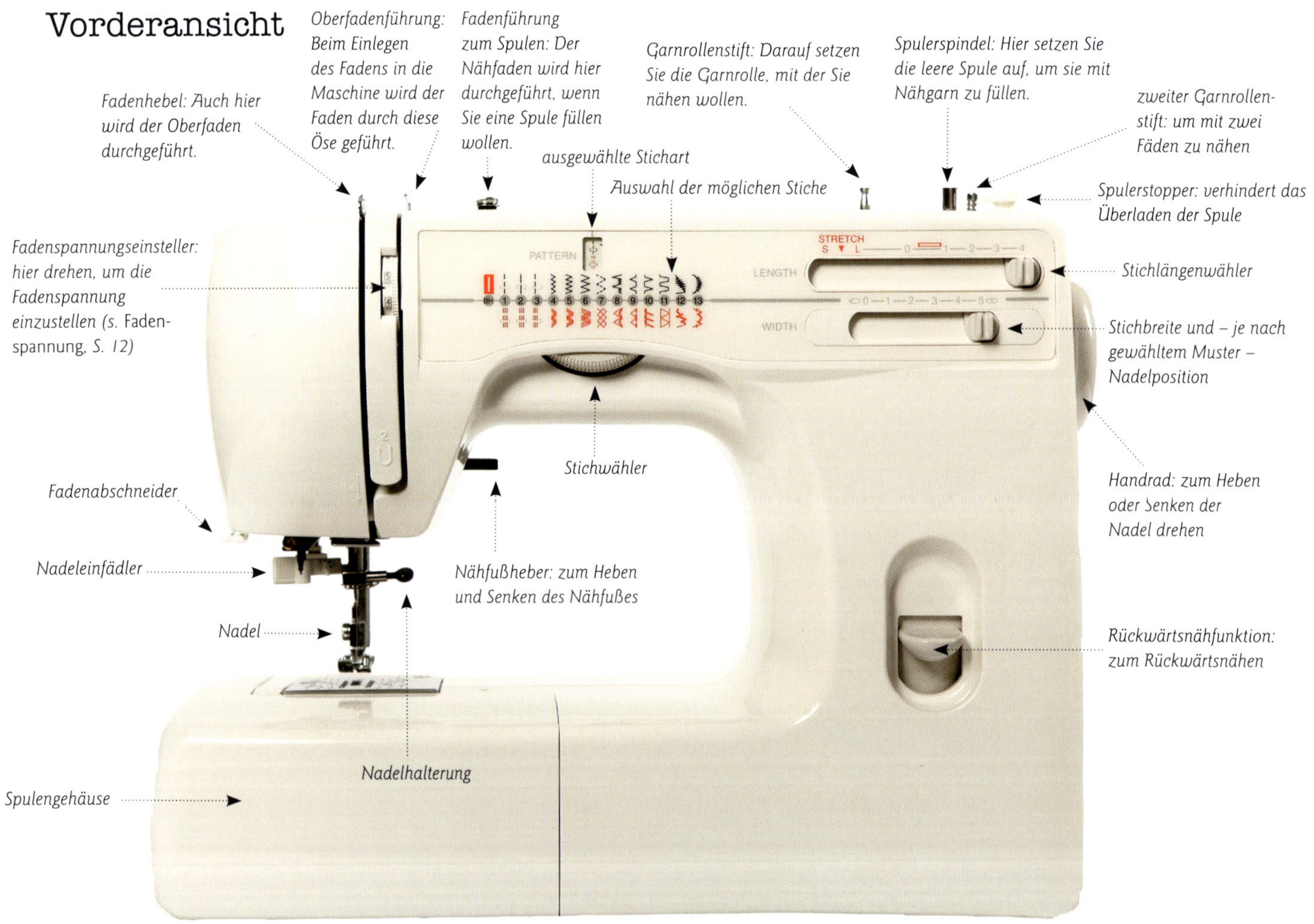

Nadel, Nähfuß und Stichplatte

Greiferbahn und Spulenkapsel

Fadenspannung

Alle Schneiderinnen – sowohl Neulinge als auch versierte Näherinnen – fragen sich manchmal, ob es nicht die Fadenspannung der Maschine ist, die sie so unter Strom setzt. Nicht korrekte Fadenspannung ist wahrscheinlich das am weitesten verbreitete Nähproblem und kann ein Projekt vollkommen ruinieren.

Deshalb muss man zuerst einmal begreifen, was man unter Fadenspannung eigentlich versteht. Der Begriff „Spannung" bezieht sich auf den Druck, der auf den Nähfaden ausgeübt wird, der von der oberen Garnrolle kommt. Dieser Druck geht von den Spannungsscheiben in der Maschine aus, durch die der Nähfaden beim Einfädeln geführt wird.

Verschiedene Stoffe und Stiche erfordern unterschiedliche Fadenspannungen. Die Fadenspannung wird am Fadenspannungseinsteller vorne an der Maschine eingestellt (s. S. 10). Wenn man das Rad auf eine höhere Zahl dreht, erhöht sich die Fadenspannung, wählt man eine niedrigere Zahl, senkt man sie. An den meisten Nähmaschinen erhält man eine Spannung, die für gerade Stiche und mittelschweren Stoff geeignet ist, wenn man den Regler für die Fadenspannung auf die Zahl 5 einstellt.

Wenn der Unterfaden auf der rechten Seite oder der Oberfaden auf der linken Seite des Stoffs sichtbar wird, ist die Fadenspannung nicht richtig eingestellt. Auch wenn sich die Naht runzelt, der Faden dauernd abreißt, sich verknotet oder die Maschine blockiert oder Stiche ausgelassen werden, kann dies daran liegen, dass die Fadenspannung falsch eingestellt ist.

Testen Sie deshalb immer die Fadenspannung an einem Stoffrest des Projekts, bevor Sie anfangen. Falten Sie den Stoffrest zusammen, um zu überprüfen, wie die Nähte werden; falls Sie Futter oder Einlage verwenden, fügen Sie auch davon einen Rest hinzu; testen Sie die Stiche, die Sie verwenden wollen. Stellen Sie alle Aspekte des Projekts im Miniformat nach, um die Fadenspannung richtig einzustellen – es lohnt sich wirklich, diesen Aufwand zu betreiben. Wenn Sie diesen Test auslassen, können Probleme mit der Fadenspannung Ihr gesamtes Projekt ruinieren.

Ausgewogene Fadenspannung

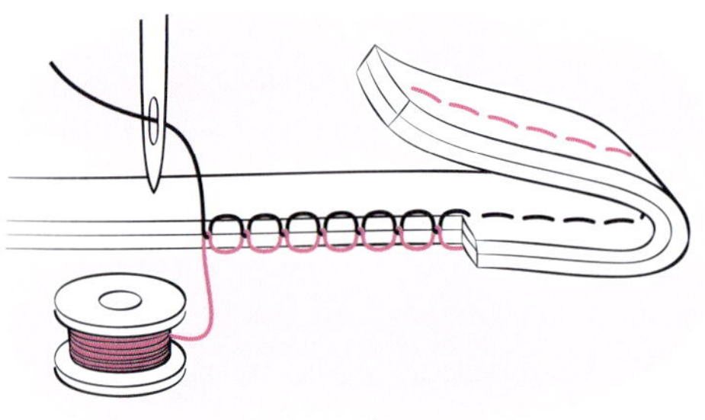

Wenn die Fadenspannung richtig eingestellt ist, greifen Ober- und Unterfaden wie oben abgebildet innerhalb der Stofflagen ineinander. Auf der rechten Seite ist nur der Oberfaden sichtbar, auf der linken Seite nur der Unterfaden.

Oberfadenspannung zu schwach

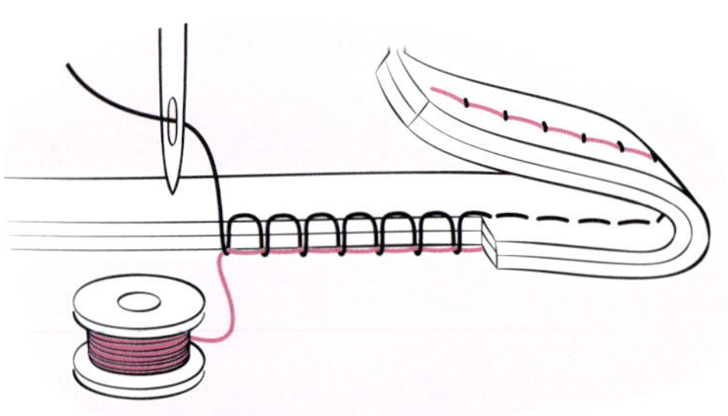

Wenn der Oberfaden auf der linken Seite sichtbar ist, dann ist die Oberfadenspannung zu schwach. Nähen Sie eine Linie mit einem Oberfaden in einer Kontrastfarbe. Werden Schlingen in der Kontrastfarbe auf der linken Seite des Stoffs sichtbar, dann bedeutet dies, dass die Oberfadenspannung vergrößert werden muss.

Oberfadenspannung zu stark

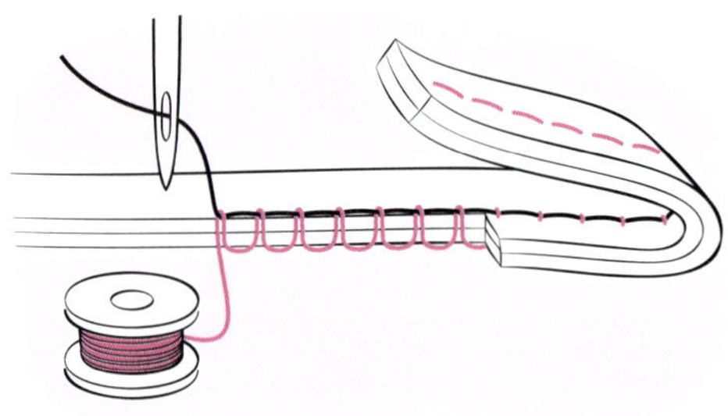

Wenn der Unterfaden auf der rechten Seite des Stoffs sichtbar wird, ist die Oberfadenspannung zu stark. Wenn Sie nicht sicher sind, ob dies das Problem ist, legen Sie einen Kontrastfaden in die Spule ein, und nähen Sie eine Linie auf einem Stoffrest Ihres Projekts. Wenn Punkte der Kontrastfarbe oben auf dem Stoff sichtbar werden, ist die Oberfadenspannung tatsächlich zu stark. Den Fadenspannungseinsteller eine halbe Zahl niedriger stellen und eine weitere Linie nähen. Die Fadenspannung immer um eine halbe Zahl verringern, bis sie ausgewogen ist.

Spannungstest

Nähen Sie in diagonaler Linie über ein Stoffquadrat, sodass die Stiche diagonal zum Fadenlauf verlaufen (s. *Schrägband herstellen und damit einfassen*, S. 74/75). Halten Sie die Enden der genähten Linie fest, und ziehen Sie daran, sodass sich der Stoff verzieht. Wenn nur der Oberfaden reißt, dann ist die Oberfadenspannung zu stark. Wenn beide Fäden reißen, ist die Fadenspannung richtig.

Weitere Probleme mit der Fadenspannung

Wenn Sie den Fadenspannungseinsteller angepasst, aber immer noch Probleme haben, überprüfen Sie Folgendes, weil auch das Einfluss auf die Fadenspannung hat:

Haben Sie den Faden von oben bis unten korrekt in die Maschine eingefädelt? Ziehen Sie den Oberfaden heraus, und fädeln Sie ihn noch einmal ein. Wenn die Nähmaschine neu ist, schauen Sie in der Betriebsanleitung nach, damit Sie keine Etappe vergessen. Nehmen Sie die Spule heraus, und fügen Sie sie wieder ein, überprüfen Sie auch hier, ob alles korrekt ist.

Wie lange benutzen Sie die Nadel schon? Wenn Sie schon einige Zeit mit dieser Nadel nähen, kann es sein, dass sie stumpf oder verbogen ist. Auch wenn man nur am Stoff zieht, kann sich eine Nadel verbiegen, und schon ein winziger Defekt kann bereits Probleme verursachen. Wechseln Sie die Nadel, und achten Sie darauf, dass Sie für Ihren Stoff die richtige auswählen (s. *Stoffe, Nähgarn und Stiche*, S. 22/23). Eigentlich sollte die Nadel regelmäßig gewechselt werden: „Neues Projekt, neue Nadel" ist hierbei ein gutes Motto.

Ist die Nähmaschine sauber? Beim Nähen sammeln sich Stoffflusen in der Nähmaschine an. Wenn Sie sie nicht regelmäßig reinigen, können Greiferbahn und Spulenkapsel (s. S. 11) durch Flusen verstopft sein, was zu einem Nähchaos führen kann. Ein kleiner Pinsel, mit dem diese Komponenten gereinigt werden können, sollte der Nähmaschine beim Kauf beiliegen, benutzen Sie diesen.

Was für ein Nähgarn verwenden Sie? Wenn Sie bislang mit einem billigen Nähgarn aus dem Supermarkt arbeiten, wechseln Sie zu einem Markengarn von guter Qualität (s. *Nähgarn*, S. 23).

Verwenden Sie eine Plastikspule? Wenn ja, ist sie schon etwas älter? In Kerben am Rand einer Spule, auch wenn sie noch so klein sind, kann sich der Faden verfangen. Tauschen Sie die Spule gegen eine neue aus, vielleicht ist das Problem damit behoben.

Die Unterfadenspannung

Auch an der Spulenkapsel lässt sich die Fadenspannung einstellen, aber dies sollten Sie wirklich nur tun, wenn Sie das Problem nicht in den Griff bekommen, indem Sie die Oberfadenspannung angepasst und Faden, Nadel oder Fussel als Ursache des Problems ausgeschlossen haben.

Normalerweise würde man die Spannung nur an der Spulenkapsel verstellen, wenn Sie sehr dickes oder dekoratives Nähgarn in der Spule verwenden. Wer mit der Nähmaschine stickt und oft ausgefallene Garne in der Spule benutzt, kann zwei Spulenkapseln verwenden; eine, die nie verstellt und für normales Nähen verwendet wird und eine für die raffinierten Nähgarne, die man nach Belieben verstellen kann.

Um die Fadenspannung an der Spulenkapsel zu verstellen, verwendet man einen Schraubendreher (der bei der Nähmaschine dabei sein sollte), um die kleine Schraube an der Spulenkapsel zu verstellen. Nach links drehen, um die Fadenspannung zu verringern, und nach rechts drehen, um sie zu vergrößern. Halten Sie die Spulenkapsel dabei über eine leere Schachtel, denn wenn die kleine Schraube herausfällt, geht sie sehr leicht verloren.

Notieren Sie sich, in welche Richtung und wie weit Sie die Schraube gedreht haben, damit Sie die Spannung wieder auf die Fabrikeinstellung zurücksetzen können, wenn dies nötig sein sollte.

Der Kauf der ersten Nähmaschine

Wer sich eine eigene Nähmaschine zulegen will, sollte sich zunächst einmal klarmachen, welche Funktionen er benötigt. Moderne Nähmaschinen rangieren von sehr schlichten Modellen, die wenig mehr können, als gerade Linien nähen, bis hin zu computergesteuerten Maschinen, die eine solche Fülle an Funktionen haben, dass einem ganz schwindlig werden kann. Bestimmt wollen Sie etwas, das irgendwo dazwischen liegt.

Wenn es Ihre erste Nähmaschine ist, brauchen Sie ein Modell, das gut zu bedienen ist und das dennoch so hoch entwickelt ist, dass Sie „hineinwachsen" können. Vermutlich wollen Sie nicht allzu viel Geld für Ihre erste Nähmaschine ausgeben, falls Nähen doch nicht das Richtige für Sie ist, doch Sie sollten sich darüber im Klaren sein, dass wirklich preisgünstige Nähmaschinen oft nicht besonders gut nähen.

Ich empfehle eine Nähmaschine aus dem mittleren Preissegment und von einer guten Marke. Auf diese Weise erhalten Sie eine vernünftige Maschine und können sich zudem noch Zubehörteile anschaffen: Die großen Marken stellen eine breite Palette davon her. Die meisten Hersteller sind so vernünftig, dass die Zubehörteile, die für eine Maschine gekauft werden, auch auf die anderen Modelle dieser Marke passen. Wenn Sie Ihre Nähmaschine nachrüsten, sollten Sie also bei derselben Marke bleiben, dann müssen Sie bei der nächsten Maschine nicht wieder alles neu kaufen.

Solche Nähmaschinen verfügen über die einfachen Gerad- und Zickzackstiche sowie ein paar Extras; das ist alles, was Sie brauchen. Eine Funktion, die ich wirklich empfehle, ist das vollautomatische, einstufige Knopfloch. Es ist zwar durchaus möglich, Knopflöcher auf der Nähmaschine manuell zu nähen, aber sie vollautomatisch zu nähen, ist weniger anstrengend, geht schneller und sieht meistens besser aus (s. *Knopflöcher*, S. 58/59).

Eine verstellbare Nadelposition erleichtert es, gerade Linien an schwierigen Positionen zu nähen, da man den Stoff an die Führungslinien auf der Stichplatte oder an der Kante des Nähfußes anlegen und dann die Nadel quer verschieben kann, um an der benötigten Stelle zu nähen.

Wenn möglich, können Sie sich auch für ein paar Tage eine Nähmaschine ausleihen, um sie auszuprobieren. Probieren Sie alle Funktionen aus, um zu sehen, welche Sie für sinnvoll halten. Wenn es bei Ihnen vor Ort einen Laden gibt, der nicht auf eine bestimmte Marke festgelegt ist, lohnt es sich bestimmt, sich dort beraten zu lassen. Wenn nicht, nehmen Sie sich die Zeit, im Internet zu recherchieren und Kritiken zu vergleichen.

Nähmaschinenzubehör

Zu Ihrer Nähmaschine gehört einiges an Zubehör, und anfangs brauchen Sie auch nicht zusätzlich etwas zu kaufen. Wenn Sie Ihre Fähigkeiten entfalten und neue Techniken lernen, werden Sie einige der abgebildeten Gegenstände nützlich finden, aber Sie sollten sie erst dann kaufen, wenn Sie sie wirklich brauchen. Je nachdem, was für eine Nähmaschine Sie kaufen, kann es sein, dass der Nähfuß nicht genau so aussieht wie die hier gezeigten, aber er wird die gleichen Funktionen haben.

Geradstichfuß
Dieser Nähfuß ist zum Nähen einfacher, gerader Linien (s. *Gerade Linien nähen*, S. 30), deshalb werden Sie ihn am häufigsten benutzen.

Zickzackfuß
Diesen Nähfuß verwenden Sie für den Zickzackstich und einige automatische Zierstiche (s. *Stiche*, S. 23).

Reißverschlussfuß
Diese können sehr unterschiedlich aussehen, aber sie sind alle so beschaffen, dass man damit möglichst nah an den Reißverschlusszähnen entlang nähen kann (s. *Reißverschlüsse*, S. 52-57).

Patchworkfuß
Der „Zeh" auf der rechten Seite dieses Nähfußes ist 5 mm breit, deshalb eignet er sich als Führung für knappe Nähte. Ich fertige nicht viel Patchwork (s. *Patchwork*, S. 94), aber ich benutze diesen Nähfuß trotzdem oft.

Klarsichtnähfuß
Der Klarsichtnähfuß ist nützlich für Applikationen, weil man sehen kann, was man tut (s. *Applikationen*, S. 93). Dieser hier hat unten eine Aussparung, damit er über eine Naht im Raupenstich leicht hinweggleiten kann.

Teflonnähfuß
Ein besonders weicher Fuß, der über haftende Stoffe, etwa mit Vinyl beschichtete, leicht hinweggleitet.

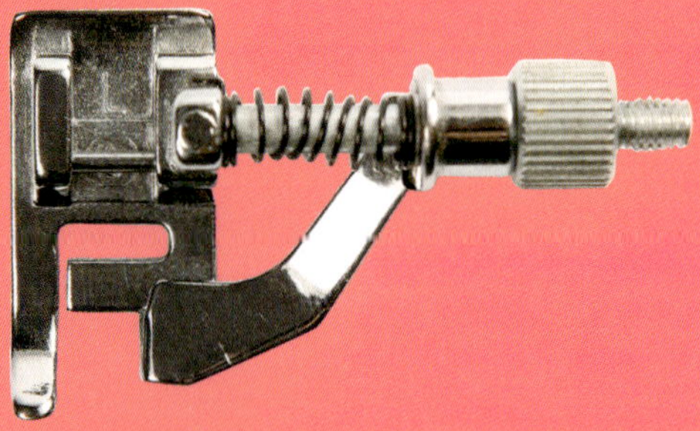

Blindstichfuß
Der einstellbare „Zeh" auf der rechten Seite ermöglicht es, den Saum auf die gewünschte Tiefe einzustellen (s. *Blindsaum*, S. 44).

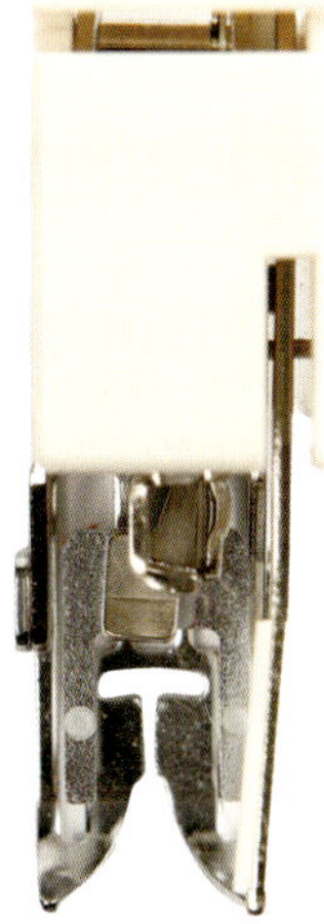

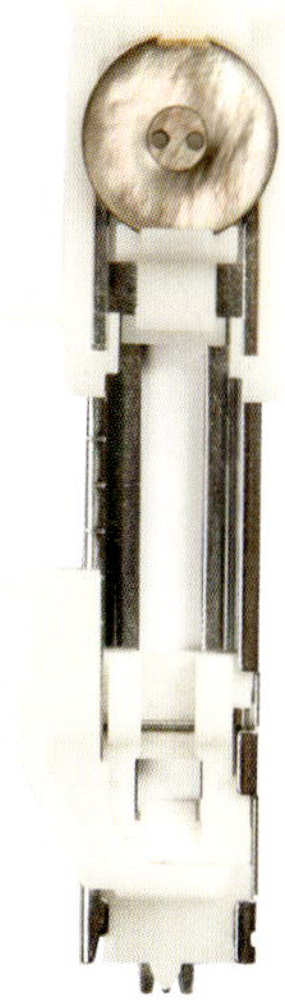

Stickfuß

Dies ist ein weiterer Nähfuß, der ganz unterschiedlich aussehen kann. Bei dieser Version mit offenen „Zehen" kann man ganz gut sehen, was man tut (s. *Freihandstickerei*, S. 92).

Obertransportfuß

Transportiert beim Quilten mehrere Stofflagen gleichmäßig durch die Maschine (s. *Quilten*, S. 95). Diese Nähfüße sind in der Regel teuer und für einfache Quilt-Projekte nicht unbedingt notwendig.

Knopflochfuß

Legen Sie den Knopf an den vorgesehenen Platz und das Knopfloch wird in der richtigen Größe genäht (s. *Automatisches Knopfloch*, S. 58).

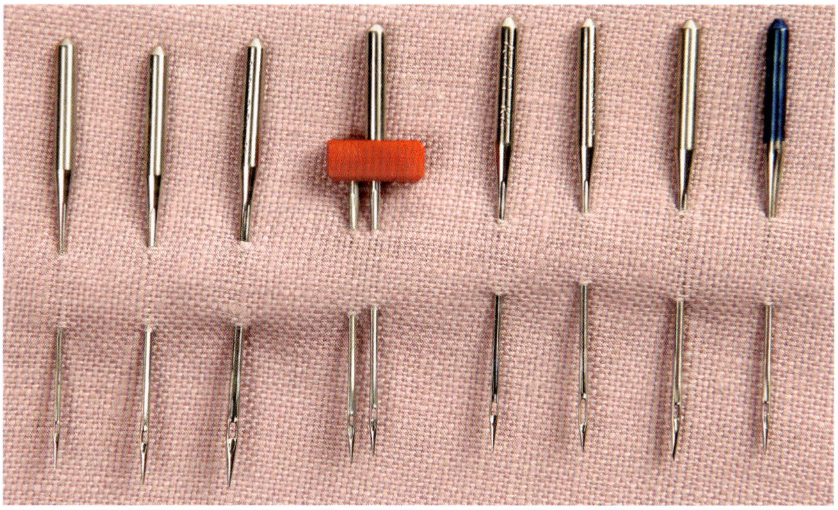

Nähmaschinennadeln

Die Wahl der richtigen Nadel macht einen großen Unterschied beim Nähen. Auf der Abbildung von links nach rechts: Nadeln 60, 80, 110, Zwillingsnadel, Sticknadel 75, Metallic-Nadel 80, Ledernadel 90, Jersey-Nadel 80. Welche Nadel man für welchen Stoff verwendet steht in Kapitel *Stoffe, Nähgarn und Stiche*, S. 22/23.

Quiltführung

Diese lässt sich am Nähfuß befestigen, um Linien in gleichem Abstand zu nähen (s. *Quilten*, S. 95).

Magnetführung

Sie lässt sich auf der Stichplatte befestigen, um in einer geraden Linie zu nähen (s. *Gerade Linien nähen*, S. 30).

Nähwerkzeug und Nähzubehör

Neben der Grundausstattung gibt es jede Menge Werkzeuge und Zubehör, die man kaufen kann und die das Nähen erleichtern. Die hier gezeigten Utensilien habe ich gekauft und benutze sie tatsächlich – im Gegensatz zu anderen Dingen, die immer noch originalverpackt in der Schublade liegen.

In meinem Nähkästchen liegen verschiedene Scheren, von denen man drei braucht: die Stoffschere, die Stickschere und eine Papierschere. Zusätzlich besitze ich eine Zickzackschere und einen Fadenschneider. Ich kaufe keine teuren Scheren, aber ich passe auf meine gut auf. Ich benutze zum Beispiel niemals die Stoffschere, um Papier zu schneiden, damit sie nicht stumpf wird.

Stoffschere
Es gibt sie in unterschiedlichen Ausführungen, aber solche wie diese erleichtern durch die abgewinkelten Griffe das Schneiden von Stoff.

Stickschere
Kaufen Sie sich eine, die möglichst spitz und kurz ist und schmale Blätter hat.

Fadenschneider
Ich finde einen Fadenschneider zum Abschneiden des Faden sehr nützlich, wenn man mit der Maschine näht.

Nahttrenner
Zum Auftrennen von Nähten das lange Ende unter die Stiche schieben und vorsichtig gegen den Faden drücken, um ihn zu zerschneiden.

Fingerhut
Wird benutzt, um eine Handnähnadel durch dicken Stoff zu schieben. Ich benutze lieber solche aus Kunststoff als Metallfingerhüte.

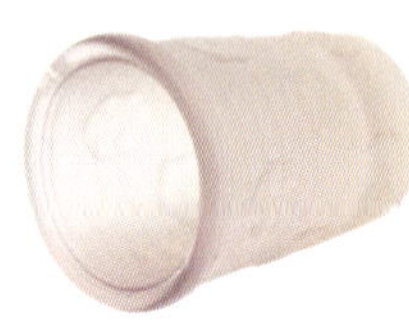

Stecknadeln
Ich benutze sehr lange, dünne Stecknadeln mit Glasköpfen, über die man bügeln kann, ohne dass sie schmelzen. Lang und dünn sind sie, damit sie keine Löcher im Stoff hinterlassen und nur minimal Wellen schlagen. Ich benutze kein Nadelkissen, sondern etwas Magnetisches wie diesen Igel. Er war zwar für Büroklammern vorgesehen, eignet sich aber sehr gut.

Handnähnadel
Manchmal braucht man eine Handnähnadel, um einem Projekt den letzten Schliff zu geben. Je höher die Nummer, desto kürzer die Nadel.

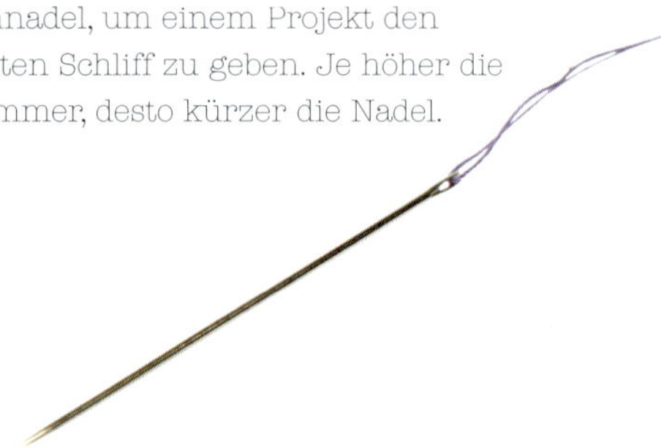

Wenn Ihre Projekte gelingen sollen, ist ein sorgfältiges Abmessen des Stoffs eine Grundvoraussetzung. An den richtigen Utensilien sollte hier nicht gespart werden.

Nahtlehre
Diese benutze ich eigentlich die ganze Zeit, wenn ich kurze Abstände messen muss, etwa für Säume und Nähte. Den roten Schieber auf den gewünschten Abstand einstellen, dann lässt es sich rasch und einfach messen und prüfen.

Schneidermaßband
Es ist unentbehrlich; hängen Sie es sich um den Hals, dann werden Sie sich gleich wie eine echte Schneiderin fühlen.

Lange und kurze Lineale
Sie sind nützlich, aber nicht unverzichtbar; meine haben ihren Platz allerdings dauerhaft in meinem Nähkästchen.

Es gibt verschiedene Stoffmarker. Ich verwende einen wasserlöslichen Stift und Schneiderkreide. Selbstlöschende Stifte sind auch gut, aber für meinen Geschmack verschwinden sie oft zu schnell, noch bevor ich mit dem Projekt fertig bin. Was immer Sie benutzen, testen Sie den Marker immer auf einem Stoffrest, um sich zu vergewissern, dass er auch wirklich vollständig verschwindet.

Wasserlöslicher Stoffmarker
Denken Sie daran, dass selbst Wasser Spuren auf Stoff hinterlassen kann. Wenn Sie den Stoffmarker ausprobieren, machen Sie die Probestelle am besten nass und bügeln Sie sie trocken, um sicherzugehen, dass keine Wasserflecken zurückbleiben.

Schneiderkreide
Der klassische Stoffmarker, die Schneiderkreide, lässt sich von den meisten Stoffen leicht wieder abbürsten.

Schrägbandformer
Ein großartiges Utensil, wenn man sein Schrägband selbst herstellen will.

Spulenring
Hält Ihre Spulen in Ordnung, die ansonsten in einem wilden Durcheinander aus Fäden in Ihrem Nähkästchen enden würden.

Vorbereitung zum Nähen

Es gibt Grundwissen und allgemeine Fähigkeiten, die Sie für alles, was Sie mithilfe dieses Buchs in Angriff nehmen möchten, einsetzen können. Lesen Sie sich dieses Kapitel durch, bevor Sie sich auf das Nähen stürzen – es lohnt sich.

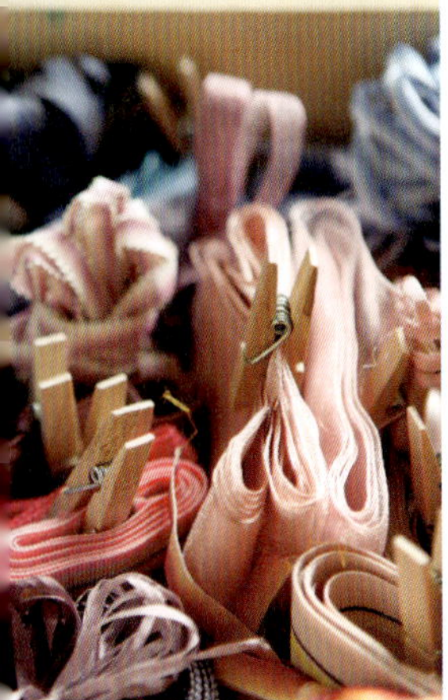

Ein Platz zum Nähen

Der Großteil der Hobbyschneiderinnen nennt nicht den Luxus eines Nähzimmers sein eigen und muss sich stattdessen mit einer Ecke des Gäste- oder Wohnzimmers begnügen. Auch wenig Platz kann jedoch sehr effektiv genutzt werden, wenn er gut organisiert ist.

Sie brauchen einen stabilen Tisch, einen bequemen Stuhl mit aufrechter Rückenlehne sowie ein Bügeleisen und ein Bügelbrett, die in Ihrer Nähe stehen. Wenn Sie Bügeleisen und Bügelbrett in einem anderen Zimmer haben, wollen Sie nicht immer aufstehen und den Stoff bügeln gehen, worunter Ihre Näharbeit letztendlich leiden wird (s. *Bügeln*, S. 26/27). Idealerweise sollte der Tisch nicht nur groß genug sein, um die Nähmaschine daraufzustellen, sondern auch um Stoff zuzuschneiden. Wenn das nicht möglich ist, können Sie auch auf dem Boden zuschneiden – Sie müssen nur zuerst dafür sorgen, dass er sauber ist.

Ähnlich wie Strickerinnen neigen auch Schneiderinnen zum Hamstern. Herrliche Stoffe, hübsche Bordüren, farbenfrohes Nähgarn und niedliche Knöpfe – dies alles ist unwiderstehlich und kann eine erstaunliche Menge an Platz einnehmen. Wenn Sie nicht alles richtig ordnen, werden Sie nie das perfekte Stück finden, wenn Sie es brauchen. Sie werden stattdessen etwas kaufen, und ihr Vorrat wird wachsen und wachsen, und plötzlich haben Sie lauter ähnliche Dinge.

Ich verwende am liebsten durchsichtige Aufbewahrungsgefäße: kleine Stoffreste falte ich und bewahre sie in durchsichtigen, stapelbaren Kisten auf, Knöpfe ordne ich der Farbe nach und verstaue sie in Knopfröhren aus Plastik. Größere Stoffstücke lege ich zusammengelegt und nach Faserart geordnet in einen Schrank. Bänder und Bordüren rolle ich auf und klammere sie mit kleinen Holzwäscheklammern zusammen (man kann sie im Schreibwarenladen kaufen, auch wenn ich nicht weiß, wofür sie in diesem Zusammenhang eigentlich verwendet werden).

Eine hervorragende Art und Weise, Garnrollen aufzubewahren, ist eine selbstgebaute Halterung (s. unten links): Meine ist auf die Außenseite einer Schranktür montiert, weil ich finde, dass die Garnrollen total dekorativ sind. Schlagen Sie hierfür Nägel in Holzleisten, und schrauben Sie die Leisten dann an der Tür fest. Stecken Sie die Garnrollen dann auf die Nägel, ordnen Sie sie dabei nach Farben – das sieht hübsch aus. Wenn Sie lieber einkaufen, anstatt sich handwerklich zu betätigen, können Sie auch einen fertigen Garnrollenhalter kaufen.

Ein geräumiges Nähkästchen – nicht zu groß, damit Sie es noch tragen können – für Ihr Nähmaschinenzubehör und Ihre Nähsachen ist ein Muss. Ich benutze einen Werkzeugkasten, weil er herausklappbare Fächer hat und jede Menge Platz bietet. Es gibt aber auch Kästchen, die eigens für Nähzubehör gedacht sind.

Es spielt eigentlich keine Rolle, wie Sie Ihren Vorrat und Ihre Ausrüstung organisieren, solange Sie wissen, was wo ist, und Sie gut an Ihre Sachen herankommen. Ineffektive Aufbewahrung ist fast so schlimm wie gar keine Ordnung zu haben.

Bürorollcontainer

Rollcontainer, wie sie fürs Büro verkauft werden, bieten hervorragenden Stauraum für Nähsachen. Normalerweise gibt es unten eine große Schublade, in die Akten gehängt werden können – hier lassen sich Stoffe aufbewahren. Die kleineren Schubladen bieten Platz für Bordüren, Nähgarn und Werkzeug, während sich die ganz flache obere Schublade mit den Unterteilungen für Stifte und Büroklammern gut für Nähfüße, Stecknadeln und andere kleine Gegenstände eignet. Da das Ganze Rollen hat, kann es je nach Bedarf hervorgeholt und wieder weggeschoben werden.

Mit der Nähmaschine nähen

Wenn Sie mit Ihrer neuen Nähmaschine nach Hause kommen, sollten Sie zuallererst die Betriebsanleitung lesen. Selbst wenn Sie vorher schon eine Nähmaschine benutzt haben – unterschiedliche Erzeugnisse und Modelle können unterschiedliche Betriebsabläufe haben. Und wenn Sie die Anleitung nicht lesen, kann es passieren, dass Sie Ihre Nähmaschine beschädigen, noch bevor Sie Ihr erstes Nähprojekt fertiggestellt haben.

Stellen Sie die Nähmaschine auf einen stabilen Tisch. Ein Tapeziertisch oder ein Klapptisch sind keine gute Wahl, denn wenn die Nähmaschine in voller Geschwindigkeit läuft, kann sie beunruhigend ins Hüpfen geraten, wenn der Tisch nicht fest auf dem Boden steht, und das wird Ihre Näharbeit wirklich ruinieren. Setzen Sie sich auf einen Stuhl mit fester Rückenlehne und ohne Armlehnen, verwenden Sie keinen Schreibtischstuhl mit Rollen, weil er sich zu sehr bewegt, und sorgen Sie dafür, dass die Nähmaschine auf der richtigen Höhe steht, damit Sie sie bequem bedienen können. Können Sie das Pedal gut erreichen, ohne das Bein strecken zu müssen? Ist das Netzkabel aus dem Weg? Spannt es auch nicht zu sehr, damit Sie die Maschine nicht vom Tisch reißen, wenn Sie über das Kabel stolpern? Steht die Maschine hoch genug, damit Sie sehen können, wie der Stoff unter die Nadel gezogen wird, ohne den Kopf verrenken zu müssen? Aber tief genug, dass Sie nähen können, ohne den Arm unangenehm hoch heben zu müssen? Alles in Ordnung? Hervorragend!

Wenn Sie die Betriebsanleitung gelesen, die Nähmaschine aufgestellt, einen mittelgroßen Geradstich eingestellt und ein Stück Stoff zum Experimentieren ausgesucht haben, sind Sie bereit zum Anfangen. Nähen Sie zunächst eine gerade Linie, überprüfen Sie die Fadenspannung und passen Sie sie falls notwendig an (s. *Fadenspannung*, S. 12).

Bringen Sie dann Ihre Hände in die richtige Position. Neulinge halten den Stoff oft, wie oben rechts gezeigt: Mit der einen Hand halten sie die vordere Kante fest, mit der anderen die hintere, so ziehen sie den Stoff durch. So näht man nicht. Die Transporteure (s. S. 11) transportieren den Stoff durch die Maschine, und zwar in der Geschwindigkeit, die Sie durch den Druck auf das Pedal vorgeben; Sie brauchen ihnen nicht zu helfen, ihre Aufgabe zu erledigen.

Wenn man den Stoff auf diese Weise zieht, kann es auch leicht passieren, dass man dabei die Nadel verbiegt. Sie besteht nur aus einem dünnen Stück Metall und verbiegt sich leicht, was zu allen möglichen Problemen mit der Fadenspannung führen kann (s. *Fadenspannung*, S. 12).

Ihre Aufgabe besteht darin, den Stoff so zu führen, dass er dort, wo Sie die Naht haben möchten, unter der Nadel hindurchgleitet. Dafür legen Sie beide Hände relativ flach auf den Stoff, ganz leicht und ziemlich nah am Nähfuß, wie unten rechts gezeigt. Natürlich sollten Sie sich dabei nicht über den Finger nähen, aber das lässt sich einigermaßen leicht vermeiden. Nehmen Sie NIEMALS Ihren Blick von der Nadel, solange sie sich bewegt. Wenn jemand Sie ruft, hören Sie auf zu nähen und blicken Sie dann erst auf. Nähen Sie nicht vor dem Fernseher, Sie könnten versucht sein, sich vom Geschehen auf dem Bildschirm ablenken zu lassen.

Schieben Sie den Stoff unter den Nähfuß, legen Sie dabei die Kante an eine der Markierungen auf der Stichplatte an (s. *Gerade Linien nähen*, S. 30). Machen Sie es sich auf Ihrem Stuhl bequem und legen Sie die Hände auf den Stoff. Drücken Sie VORSICHTIG auf das Pedal. Während der Stoff von Ihnen weg unter der Nadel durchgleitet, bewegen Sie Ihre Hände so, dass sie im Verhältnis zur Nadel immer an der gleichen Stelle sind. Lenken Sie den Stoff dabei ein wenig, sodass seine Kante immer an derselben Kennzeichnung auf der Stichplatte anliegt.

Bekommen Sie ein Gefühl dafür, wie sich der Stoff unter der Nadel bewegt, und drücken Sie dann ein wenig stärker auf das Pedal. Nähen Sie auf dem Stück Stoff hin und her, ändern Sie die Geschwindigkeit und die Stichmuster, bis Sie bequem nähen: Dies mag mehr als nur eine Sitzung in Anspruch nehmen. Es lohnt sich jedoch, auf nicht allzu hübschem Stoff zu experimentieren und zu üben, bis man sich wirklich sicher auf der Maschine fühlt, bevor man ein Projekt anfängt.

Die falsche Art und Weise, den Stoff beim Nähen zu halten

So führt man beim Nähen den Stoff.

Stoffe, Nähgarn und Stiche

Heutzutage ist eine riesige Palette an Stoffen erhältlich, weit mehr, als hier detailliert besprochen werden kann. Die folgenden Seiten verschaffen Ihnen einen Überblick über die beliebtesten Stoffe zum Nähen und bieten ein wenig Rat in Bezug auf Fäden und Stiche.

Stoffe

Normalerweise gibt es zwei Hauptgründe, sich für einen Stoff zu entscheiden, den man für ein Projekt verwenden möchte: Der eine davon ist praktisch: Wie geeignet ist der Stoff? Der andere ist ästhetisch: Wie gut gefällt Ihnen der Stoff? Versuchen Sie nicht, einen Stoff allein aus dem zweiten Grund auszuwählen, denn dies könnte bedeuten, dass Ihr Projekt einfach nicht gelingt, ganz egal, wie sorgfältig Sie nähen.

Stapel links, von oben nach unten:

Spitzenstoff Die meisten modernen Spitzenstoffe bestehen aus Kunstfasern, man kann aber auch wertvolle Spitze aus Seide und Baumwolle kaufen. Spitzenstoffe werden meist für Braut- und Abendkleider verwendet, wo sie über einen anderen Stoff gelegt werden. Er ist recht leicht zu verarbeiten; sehr zarte und alte Spitze kann jedoch brüchig sein. Verwenden Sie eine dünne Nadel zwischen 60/8 und 75/11.

Futterstoff Er besteht in der Regel aus synthetischen Fasern und ist in einer Fülle von Farben und großartigen Mustern erhältlich. Ich benutze gern ausgefallene Futterstoffe; selbst wenn keiner sie sieht, weiß man, dass sie da sind, und das macht ein Kleidungsstück besonders. Leinenstoffe sind rutschig und können wirklich schwierig zu nähen sein, deshalb empfehle ich, dass man sie zunächst heftet (s. *Heften*, S. 25). Wer echten Luxus will, kann Futterstoff aus Seide kaufen, der sich wundervoll auf der Haut anfühlt. Synthetische Futterstoffe verarbeitet man am besten mit Nadel 75/11 oder 80/12 und Futterstoff aus Seide mit Nadel 75/11 oder dünner.

Tweed Dies ist ein traditioneller irischer Wolltweed; er ist dick und schwer – ideal für einen warmen Wintermantel. Er ist leicht zu verarbeiten, aber da es sich um ein so grobes Gewebe handelt, franst es ziemlich leicht aus. Nähen Sie mit Nadel 90/14 oder 100/16.

Seide Dies ist Dupionseide, der wahrscheinlich am leichtesten zu nähende Seidenstoff, weil er am wenigsten rutschig ist. Allerdings franst er wie verrückt aus, bekommt leicht Flecken und wird ständig verrutschen. Abgesehen davon sieht Seide so gut aus und fühlt sich so herrlich an, dass man ihr nur schwer widerstehen kann, wenn man sich ein besonderes Kleid nähen will. Heften Sie Ihre Nähte (s. *Heften*, S. 25), versäubern Sie alle unversäuberten Kanten (s. *Versäubern*, S. 32), und achten Sie darauf, dass Sie beim Bügeln keine Wasserflecken hinterlassen (s. *Bügeln*, S. 26/27). Nähen Sie Seide mit Nadel 75/11 oder einer dünneren Nadel.

Wildlederimitat Es handelt sich um künstlichen Wildlederstoff aus Synthetikfasern, den es in einer begrenzten Farbauswahl zu kaufen gibt. Es ist nicht gerade der einfachste Stoff zum Nähen; wenn man ihn rechts auf rechts zusammennähen will, verschieben die beiden Lagen sich wie Samt gegeneinander, und es entsteht eine ungleichmäßige Naht. Festes Heften mit kleinen Stichen (s. *Heften*, S. 25) hilft, diesen Stoff unter Kontrolle zu bekommen. Leichtes Wildlederimitat kann mit Nadel 80/12 oder 90/14 genäht werden. Schwerere Wildlederimitate (und echtes Wildleder) mit Ledernadel 90/14 oder 100/16.

Wollstoff Dieser wunderbare Stoff ist vielseitig einsetzbar, in vielen Qualitäten, Farben und Mustern erhältlich und leicht zu verarbeiten. Seien Sie beim Bügeln vorsichtig (s. *Bügeln*, S. 26/27), denn bei zu viel Hitze und Dampf verfilzt die Oberfläche. Genäht werden Wollstoffe mit Nadel 80/12 (leichtere Wollstoffe) bis hin zu Nadel 100/16 (schwere Wollstoffe).

Bedruckte Baumwollstoffe Der beliebteste Stoff der Welt, wenn es ums Nähen geht. Baumwollstoffe gibt es in fast allen Farben und Mustern, und sie haben viele verschiedene Namen. Überprüfen Sie unbedingt die Zusammensetzung der „Baumwolle", denn es könnten Kunstfasern beigemischt sein, die eventuell nicht erwünscht sind. Denken Sie daran, dass Sie bei großen Mustern vielleicht auf Musterübereinstimmung an den Nähten achten wollen und deshalb eventuell mehr Stoff brauchen und die Nähte heften müssen (s. *Heften*, S. 25). In der Regel sind Baumwollstoffe leicht zu verarbeiten. Wählen Sie für die leichtesten Baumwollstoffe – etwa Chambray-Stoff – Nadel 75/11, für dickes Baumwolltuch Nadel 110/18. Mittelschwere Baumwollstoffe für Kleider nähen Sie am besten mit Nadel 80/12.

Satin Satin besteht oft aus Synthetikfasern, ist hübsch anzusehen und schrecklich zu verarbeiten. Er ist glatt, verrutscht leicht, bekommt sehr schnell Flecken und lässt sich oft nicht so leicht bügeln. Wenn Sie sich absolut in den Kopf gesetzt haben, Satin zu verwenden, heften (s. *Heften*, S. 25) Sie alles innerhalb der Nahtzugaben und nähen Sie mit Nadel 75/11.

Samt Bei dem hier abgebildeten Samt handelt es sich um Knautschsamt, der etwas leichter zu handhaben ist als Samt mit gerade nach oben stehendem Flor. Allerdings ist Samt nur etwas für erfahrene Schneiderinnen: Es ist vermutlich der Stoff, bei dem es am schwierigsten ist, ihn schön zu nähen. Sie müssen jede Naht mit unregelmäßig langen Stichen heften (s. *Heften*, S. 25), idealerweise den Obertransportfuß verwenden (s. *Nähmaschinenzubehör*, S. 14) und ihn auf einem speziellen Nagelbrett für Samt bügeln. Hierbei müssen Sie Papier unter die Nahtzugaben legen, damit Sie auf der rechten Seite keine Abdrücke hinterlassen. Außerdem franst Samt wie kein anderer Stoff der Welt an den Kanten aus. Wenn es denn wirklich Samt sein muss, dann sollten Sie ihn sehr sorgfältig mit Nadel 80/12 oder 90/14 nähen.

Unifarbener Baumwollstoff Er hat alle Eigenschaften des bedruckten Baumwollstoffs, nur dass man keinerlei Probleme mit der Musterübereinstimmung hat. Perfekt!

Cord Besteht in der Regel aus Baumwolle – manchmal mit beigemischten Synthetikfasern – und ist strapazierfähig und leicht zu verarbeiten. Ähnlich wie beim Samt verschieben sich die Oberflächen ein wenig gegeneinander, wenn man zwei Teile rechts auf rechts zusammennäht, deshalb ist Heften (s. *Heften*, S. 25) eine gute Idee. Zum Nähen von Cord am besten Nadel 90/14 verwenden.

Nähgarn

Die goldene Regel bei Nähgarn lautet: kein billiges kaufen. Es ist in der Regel von schlechter Qualität, reißt schnell und franst aus; außerdem ist nicht besonders viel auf der Garnrolle, deshalb geht es schnell aus.

Um mögliche Probleme beim Waschen zu vermeiden, sollten Sie wenn möglich Nähgarn verwenden, das aus der gleichen Faser wie der zu verarbeitende Stoff besteht. Also Baumwollgarn für Baumwolle, Seidengarn für Seide und Polyestergarn für Kunstfasern und Wollstoffe, da es Nähgarn aus Wolle nicht gibt.

Rayon- und Metallic-Nähgarn wird in der Regel für Maschinenstickerei verwendet (s. *Freihandstickerei*, S. 92) und sollte mit Metallic- oder Sticknadeln genäht werden, die sehr spitz sind und ein langes Öhr haben, damit der Stoff glatt und leicht durchstochen werden kann.

Sticharten

Einfache mechanische Nähmaschinen bieten vielleicht weniger als zehn verschiedene Sticharten, während computerisierte Nähmaschinen Dutzende raffinierter Stiche herstellen können, deshalb kann hier nicht alles behandelt werden. Da man aber meistens ohnehin nur einige wenige Sticharten verwendet, werden wir uns diese genauer ansehen.

Unten, von links nach rechts:

Geradstich Die Abbildung zeigt drei verschiedene Stichlängen. Einen sehr kurzen Stich, einen mittleren – den Sie für gewöhnlich verwenden werden – und einen langen Stich, den man für Raffungen und maschinelles Heften verwendet.

Stretch-Geradstich Dies ist die elastischere Version des Geradstichs. Er sollte für dehnbare gewebte Stoffe sowie für Strickstoffe verwendet werden.

Zickzackstich Man nutzt ihn zum Versäubern der Stoffkanten (s. *Versäubern*, S. 32). Er kann unterschiedlich lang und breit eingestellt werden.

Raupenstich Dies ist nichts anderes ein langer, enger Zickzackstich, mit dem man um die Kanten von Applikationen herumnäht (s. *Applikationen*, S. 93).

Stretch-Zickzackstich Das ist die Version des Zickzackstichs, mit dem man Ränder von dehnbaren Stoffen versäubert (s. *Versäubern*, S. 32).

Overlockstich Es handelt sich um einen weiteren Stich für das Versäubern von Kanten (s. *Versäubern*, S. 32).

Quiltstich Wird verwendet, um Teile der Wattierung beim Quilten (s. *Quilten*, S. 95) zu verbinden. Die Kanten der Wattierung um 1 cm übereinanderlegen und mit dem Quiltstich eine Linie über die Überlappung nähen, um eine glatte Verbindung zu erzielen, die nicht unförmig wird.

Zierstiche Die letzten beiden Stiche sind automatische Zierstiche. Damit kann man einem Projekt rasch und leicht Details hinzufügen.

Mit Stecknadeln fixieren

Stecknadeln in Stoff zu stecken, um ihn zusammenzuhalten – das klingt nicht so, als würde man dafür eine Anleitung brauchen, aber es gibt einige Tricks, die das Nähen mit der Nähmaschine erleichtern und verhindern, dass man sich immer wieder in die Finger sticht.

Für das Nähen mit der Maschine fixieren

Stecken Sie die Stecknadeln wie abgebildet in den Stoff, so vermeiden Sie das Ärgernis, dass der Stecknadelkopf zur Nähnadel hin läuft und Sie die Stecknadel nicht mehr so leicht herausziehen können.

Legen Sie die zu verbindenden Stoffteile so aufeinander, dass die unversäuberten Kanten von Ihnen wegzeigen. Wenn es ein Saum ist, falten Sie den Rand so um, dass der Falz von Ihnen wegzeigt. Beginnen Sie an dem Punkt, an dem Sie anfangen wollen zu nähen, stecken Sie die Stecknadeln mit dem Kopf nach rechts in den Stoff. Beim Nähen werden die Stecknadelköpfe dann zu Ihnen zeigen und können leicht herausgezogen werden, bevor die Nähnadel sie erreicht.

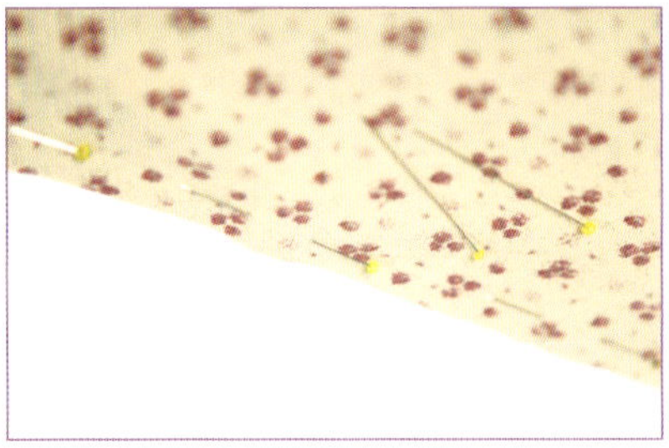

Für das Heften fixieren

Wenn Sie vor dem Heften mit Stecknadeln fixieren, machen Sie es ebenso wie auf der Abbildung, um sich beim Nähen nicht zu stechen.

Legen Sie die Kanten der zu verbindenden Stoffteile so aufeinander, dass die unversäuberten Ränder zu Ihnen zeigen. Wenn es ein Saum werden soll, falten Sie die Kante so um, dass der Falz zu Ihnen zeigt. Beginnen Sie an der Stelle, an der Sie mit dem Heften beginnen wollen, und stecken Sie die Stecknadeln mit dem Kopf nach rechts in den Stoff. Wenn Sie dann auf die Stecknadeln zu heften, zeigen die Stecknadelköpfe und nicht die Spitzen zu Ihnen.

Schnittteile fixieren

Schnittteile aus Papier müssen sorgfältig und gut auf dem Stoff festgesteckt werden, damit das Stoffteil, das Sie ausschneiden wollen, auch tatsächlich die Form des Schnittmusters aus Papier bekommt.

Sorgen Sie zunächst dafür, dass der Stoff glatt und flach liegt. Wenn er Falten hat oder knittert, bügeln Sie ihn (s. *Bügeln*, S. 26/27). Legen Sie das Schnittmuster auf den Stoff und streichen Sie es mit den Händen glatt: Wenn es sehr zerknittert ist, bügeln Sie es mit einem warmen, trockenen Bügeleisen. Verwenden Sie viele Stecknadeln, damit alle Spitzen und Einbuchtungen am Stoff befestigt sind. Jede Stecknadel muss in voller Länge auf dem Schnittteil sein, damit Sie beim Ausschneiden die Blätter Ihrer Stoffschere nicht einkerben.

Über die Stecknadeln nähen

Meine Großmutter, die mir das Nähen beigebracht hat, war gegen diese Technik, und ich verwende sie auch nie, aber andere Schneiderinnen, die ich kenne, schwören darauf. Deshalb führe ich sie hier an. Aber wenn Sie sie einsetzen wollen, sollten Sie das vorsichtig tun.

Legen Sie die Kanten der zu verbindenden Stoffteile aufeinander, und stecken Sie die Stecknadeln im rechten Winkel zur unversäuberten Kante hinein, sodass die Stecknadelköpfe über den Rand ragen. Nähen Sie die Naht ganz langsam, und nähen Sie dabei über die Schäfte der Stecknadeln. Entfernen Sie die Nadeln, wenn Sie mit dem Nähen fertig sind.

Die Gründe, weshalb mir diese Technik nicht gefällt: Erstens trifft man ziemlich oft mit der Nadel eine Stecknadel, bestenfalls ergibt dies dann einen unregelmäßigen Stich, schlimmstenfalls bricht die Nadel ab. Zweitens kann durch die Stecknadeln der Stoff knittern, wenn sie nicht ordentlich hineingesteckt wurden, und dann näht man eine Falte in die Naht. Drittens: Wenn die Stoffstücke schon während des Nähens mit Nadeln zusammengehalten werden müssen, dauert es auch nicht lange, sie einfach zusammenzuheften.

Zuschneiden

Akkurates Zuschneiden ist unverzichtbar für akkurates Nähen. Ziel ist es, den Stoff zuzuschneiden, während er so flach wie möglich auf der Arbeitsfläche liegt: Den Stoff anzuheben garantiert unsauber geschnittene Kanten.

Stoffscheren mit angewinkeltem Griff ermöglichen, dass die Scherenblätter dicht an der Oberfläche und parallel dazu schneiden; dabei wird der Stoff nur wenig angehoben, und Sie müssen dabei nicht die Hand verrenken.

Öffnen Sie die Blätter, so weit es für Ihre Hand bequem ist, und schieben Sie das untere Blatt an der Stelle unter den Stoff, an der Sie anfangen wollen zu schneiden. Schließen Sie die Blätter sanft, um den Stoff zu schneiden, schließen Sie sie aber nicht ganz. Öffnen Sie sie kurz bevor sich die Spitze der Schere schließt wieder weit und schieben Sie das untere Blatt entlang der Schnittlinie weiter unter den Stoff. Wenn Sie auf diese Weise schneiden (ohne die Scherenblätter ganz zu schließen), vermeiden Sie Zacken und Scharten in der Schnittkante.

Heften

In unserer heutigen schnelllebigen Zeit, wird vieles, was ein wenig Zeit erfordert, verworfen, egal ob es sinnvoll ist oder nicht – und Heften kann sehr sinnvoll sein. Ich sage ja nicht, dass Sie *immer* heften sollen, aber bei rutschigen Stoffen, bei Konturnähten, bei Bordüren und akkuraten Reißverschlüssen reicht es normalerweise nicht aus, mit Stecknadeln zu fixieren und dann zu hoffen und zu beten.

Nähte und Säume

Nähte und Säume bei Stoffen, die an sich nicht schwierig zu nähen sind (s. *Stoffe*, S. 22/23), brauchen Sie nur zu heften, wenn die Naht eine bestimmte Form hat oder der Saum geschwungen ist.

Stecken Sie den Stoff entlang der Heftlinie fest (s. *Mit Stecknadeln fixieren*, auf der gegenüberliegenden Seite). Fädeln Sie einen Faden auf eine dünne Nadel, der die Länge dieser Linie plus 15 cm hat. Wenn dieser Faden extrem lang und deshalb unmöglich zu gebrauchen ist, müssen Sie die Linie in zwei Abschnitten heften.

Nähen Sie im Steppstich an dieser Linie entlang; die Stiche sollten etwa 1 cm lang sein. Die Heftlinie braucht nicht abgemessen und vorgezeichnet zu werden, da Sie nicht ganz gerade sein muss. Die Stiche brauchen nicht ordentlich und gleichmäßig zu sein, aber sie sollten fest und nicht zu lang sein, sonst erfüllen Sie nicht ihren Zweck. Sehr glatte Stoffe und Stoffe mit Flor – z.B. Samt – sollten immer geheftet werden; am besten verwendet man hier die Lang-und-kurz-Technik. Dabei macht man feste Stiche, die von der Länge her zwischen 5 mm und 1 cm variieren: Die Unregelmäßigkeit der Stichlänge verhindert, dass sich die Stofflagen verschieben.

Mehrmals hintereinander mit der Nadel in den Stoff zu stechen, um mehrere Stiche auf einmal zu machen, bevor man den Faden durchzieht – so wie oben gezeigt –, ist eine rasche und absolut taugliche Methode, eine Naht oder einen Saum zu heften. Wenn Sie jedoch einen Reißverschluss einsetzen oder eine schwierige Ecke heften, werden Sie feststellen, dass es besser ist, die Stiche einzeln zu machen.

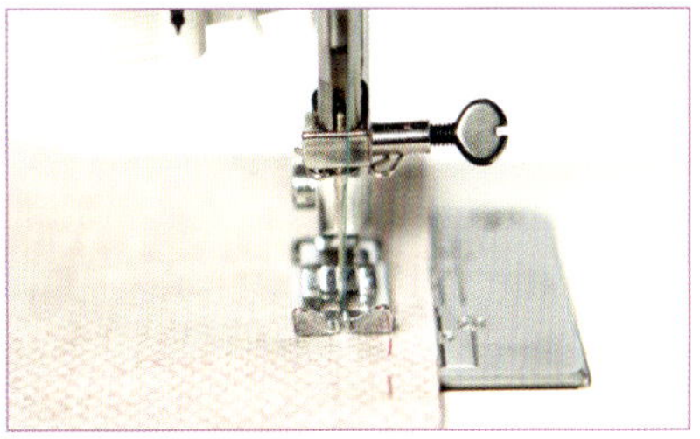

Wo heften?

Einer der am weitesten verbreiteten Anfängerfehler besteht darin, dass man genau dort heftet, wo hinterher mit der Nähmaschine genäht werden soll. Hinterher muss man dann viel Zeit damit verbringen, die Heftfäden herauszuziehen, ohne die Maschinennaht zu beschädigen.

Wann immer es möglich ist, sollten Sie deshalb beim Heften ein wenig Abstand zur geplanten Naht halten. Für eine Naht mit der Standardnahtzugabe von 1,5 cm sollten Sie deshalb 1 cm von der Stoffkante entfernt heften. Wenn Sie einen Saum mit der Maschine nähen und dabei die Kante des Nähfußes direkt am Umbruch anlegen wollen, sollten Sie direkt neben dem Umbruch heften.

Pressen

Wenn Sie sich ein Nähprojekt vornehmen, sollte Ihr Bügeleisen fast so oft zum Einsatz kommen wie Ihre Nähmaschine. Richtiges, akkurates Pressen macht einen enormen Unterschied für Ihre Näharbeit, sowohl auf praktischer als auch auf ästhetischer Ebene.

Presstechniken

Es gibt einen Unterschied zwischen bügeln und pressen. Beim Bügeln bewegt man das Bügeleisen auf dem Stoff, so wie man dies mit Kleidung tut. Beim Pressen drückt man das Bügeleisen an eine Stelle, dann hebt man es an und drückt es auf eine andere, ohne es über den Stoff zu ziehen.

Wenn möglich, sollten Sie Ihr Bügeleisen und Bügelbrett in dem Zimmer aufstellen, in dem Sie auch nähen (s. *Ein Platz zum Nähen*, S. 20). Sie sollten Ihr Projekt jedes Mal, wenn Sie einen Schritt weitergenäht haben, pressen, und wenn Sie das Bügeleisen zur Hand haben, ist es wahrscheinlicher, dass Sie diese Anweisung ganz brav befolgen.

Überprüfen Sie, bei welcher Temperatur Ihr Stoff gebügelt werden kann. Baumwolle und Leinen kann man normalerweise mit einem heißen Bügeleisen bügeln, Wolle mit einem warmen und Synthetik mit einem eher kühlen. Das ist jedoch keine unumstößliche Regel, und wenn noch Dampf dazu kommt, ändert sich auch wieder alles, deshalb müssen Sie zuerst auf einem Stoffrest ausprobieren, was die richtige Temperatur ist.

Bevor Sie bei einem Stoff Dampf einsetzen, sollten Sie testen, ob Wasserflecken auf dem Stoff wieder verschwinden. Tropfen Sie ein wenig Wasser auf einen Rest des Stoffs, und bügeln Sie ihn trocken. Überprüfen Sie dann, ob Wasserflecken zurückgeblieben sind. Dampf hilft, sehr störrische Falten und Knitterstellen auszubügeln, und bringt den Stoff in Form. Wie fest diese „Form" ist, hängt vom Stoff ab, und beim Waschen wird er seine Form wieder verlieren und muss erneut gebügelt werden. Die meisten Bügeleisen haben eine Dampffunktion und produzieren unterschiedliche Mengen Dampf in unterschiedlichen Temperaturen. Alternativ dazu können Sie den Stoff auch mithilfe einer Sprühflasche anfeuchten. Pressen Sie dann das Bügeleisen darauf, um Dampf zu erzeugen, oder verwenden Sie gleich ein feuchtes Bügeltuch. Mein Lieblingsbügeltuch ist ein altes Geschirrtuch, an dem ich die Säume abgeschnitten habe, damit sie keinen Abdruck auf dem Stoff hinterlassen. Ein Stück Seidenorganza gibt auch ein nützliches Bügeltuch ab; weil es durchsichtig ist, sieht man, was man tut, aber man muss es häufiger wieder anfeuchten.

Mein Lieblingsbügeltuch aus Baumwolle

Bügeltuch aus Organza

Nähte pressen

„Die Naht auseinanderbügeln" ist eine in Nähbüchern sehr verbreitete Anweisung; es bedeutet, dass man den Stoff flach hinlegen, die Nahtzugaben öffnen (s. *Gerade Linien nähen*, S.30) und diese mit dem Bügeleisen auf der linken Seite des Stoffs pressen soll.

1 Der erste Schritt, wenn man eine Naht auseinanderbügelt, besteht darin, sie flach zusammenzupressen. Bügeln Sie über die Naht, die Sie gerade genäht haben, ohne den Stoff auseinanderzuklappen; dies lässt die Stiche in den Stoff einsinken.

2 Breiten Sie jetzt den Stoff aus, legen Sie ihn mit der rechten Seite nach unten flach auf das Bügelbrett. Öffnen Sie die Nahtzugaben und pressen Sie sie flach. Drehen Sie den Stoff um und überprüfen Sie, ob die Ränder der Nahtzugaben Abdrücke im Stoff hinterlassen haben. Wenn ja, müssen Sie Papierstreifen unter die Nahtzugaben legen und sie erneut bügeln.

Bügelkissen

Dies ist ein kleines, sehr festes Kissen, über das Sie eine geschwungene Naht legen können (s. *Kurve nach innen*, S. 68), damit Sie sie auseinanderpressen können, sie aber trotzdem nicht plattdrücken. Es ist ein wirklich nützliches Zubehör. Man kann ein Bügelkissen kaufen, man kann es aber auch ganz einfach selber machen.

1 Legen Sie Ihr Bügeleisen auf ein Stück mittelschweren Baumwollstoffs, und zeichnen Sie eine Linie darum herum. Krümmen Sie die Kurve ein wenig mehr, und runden Sie die Ecken ab, um eine klassische „Schinkenform" zu erhalten. Fügen Sie dann rundherum 5 cm hinzu.

2 Schneiden Sie die Form aus und verwenden Sie sie als Schablone, um sie einmal aus Wollstoff und zweimal aus dickem Baumwollstoff auszuschneiden. Legen Sie dann auf eines der dicken Baumwollteile die Form aus dem dünneren Baumwollstoff mit der rechten Seite nach oben, dann den Wollstoff mit der rechten Seite nach unten und schließlich das andere dicke Baumwollstoffteil obendrauf. Stecken Sie die Lagen zusammen.

3 Stellen Sie auf der Nähmaschine einen mittellangen Geradstich ein. Nähen Sie mit einer Nahtzugabe von 1 cm rund um die Kante; lassen Sie dabei eine Lücke von 10 cm.

4 Wenden Sie das Kissen durch die Lücke auf rechts. Füllen Sie es mithilfe eines Löffels mit Sägespänen (die, die als Hamsterstreu verkauft werden, sind ideal). Sie müssen das Kissen wirklich sehr prall füllen, drücken Sie deshalb die Sägespäne mit dem Löffel nach unten, damit Sie so viel wie möglich hineinpressen können.

5 Nähen Sie die Lücke mit dem Saumstich zu, um das Kissen fertigzustellen. Wenn sich nach ein paar Wochen die Sägespäne verdichtet haben und sich das Kissen ein wenig weich anfühlt, ist es nötig, die Lücke noch mal zu öffnen und Sägespäne nachzufüllen.

6 Legen Sie eine kurvige Naht auf das Kissen, um sie mit dem Bügeleisen auseinanderzupressen. Da die eine Seite des Kissens aus Wolle und die andere aus Baumwolle besteht, können Sie – falls erforderlich – auf der Baumwollseite größere Hitze verwenden.

1

2

3

4

5

6

Ärmel bügeln

Sie können eine Nahtrolle nähen oder kaufen, eine wurstförmige Version des Bügelkissens, aber ich bevorzuge ein Handtuch, weil man es jeder Ärmelgröße oder -länge anpassen kann. Rollen Sie das Handtuch so ein, dass es sich in den Ärmel schieben lässt, ohne dass er sich dehnt. Jetzt können Sie die Ärmelnaht mit dem Bügeleisen auseinanderpressen, ohne dass Sie den ganzen Ärmel plattdrücken. Dies ist auch beim Bügeln nützlich, wenn Sie nicht wollen, dass Sie Bügelfalten an Ihren Ärmeln haben.

Nähte sind ganz einfach

Die erste und einfachste Nähtechnik besteht darin zu lernen, wie man Nähte fertigt. Sobald Sie zwei Stoffteile zusammennähen können, können Sie etwas herstellen. Es gibt verschiedene Arten von Nähten und unterschiedliche Methoden, die Nahtzugaben zu versäubern, je nachdem, was Sie nähen und welchen Stoff Sie verwenden.

Gerade Linien nähen

Am häufigsten werden Sie gerade Nähte brauchen, und dabei ist es wichtig, dass Sie auch wirklich gerade nähen. Eine unregelmäßige Naht sieht schrecklich aus und kann die Passform eines Kleidungsstücks beeinträchtigen. Viele Anfängerinnen tun sich schwer damit, in einer geraden Linie zu nähen, aber es gibt Tipps und Tricks, dies zu meistern, und natürlich werde ich sie alle mit Ihnen teilen. Den Stoffstreifen zwischen der unversäuberten Schnittkante und der Nahtlinie nennt man Nahtzugabe. Beim Nähen von Kleidung beträgt die Standardnahtzugabe 1,5 cm, aber Sie sollten immer in der Nähanleitung nachschauen, was dort verlangt ist.

Siehe auch:
- *Nähwerkzeug und Nähzubehör*, S. 16/17
- *Mit der Nähmaschine nähen*, S. 21
- *Stiche*, S. 23

Gerade Linien

Bevor Sie anfangen, Stoff zu nähen, nehmen Sie sich ein paar Blätter liniertes oder kariertes Papier (Seiten aus einem normalen Notizblock sind hierfür perfekt) und üben Sie, entlang der Linien zu nähen. Stellen Sie die Maschine auf einen mittellangen Geradstich ein, drücken Sie dann das Pedal langsam und vorsichtig nach unten, und gewöhnen Sie sich daran, das Papier mit den Händen zu führen, damit die Naht genau auf einer Linie des Papiers verläuft.

Bevor Sie dann anfangen, Stoff zu nähen, MÜSSEN Sie die Nadel in der Nähmaschine austauschen, denn das Nähen auf Papier wird sie stumpf gemacht haben.

Führungslinien auf der Stichplatte

Um beim Stoffnähen eine gerade Linie einzuhalten, können Sie eine von vier nützlichen Methoden verwenden. Erstens befinden sich auf der Stichplatte Linien, die in bestimmten Abständen zur Nadel eingezeichnet sind, wenn diese in ihrer normalen Nähposition ist. Normalerweise sind diese Linien in einem Abstand von 1 cm, 1,5 cm und 2 cm zur Nadel eingeprägt. Wenn Sie die Stoffkante an der betreffenden markierten Linie entlanglaufen lassen, wird die Naht in diesem Abstand von der Kante verlaufen und die Nahtzugabe wird am Ende von dieser Breite sein.

Magnetführung

Um es noch einfacher zu machen, können Sie sich eine Magnetführung kaufen. Dies ist ein praktisches kleines Hilfsmittel, das Sie an der entsprechenden Markierungslinie auf die Stichplatte legen. Dadurch erhalten Sie eine erhöhte, gut sichtbare Führung, an der die Stoffkante entlanglaufen kann, während Sie die Naht nähen.

Kreppband

Wenn Sie mit einer Nahtzugabe nähen wollen, die breiter ist als alle Markierungen auf der Stichplatte, dann kleben Sie auf das Flachbett der Nähmaschine ein Stück Kreppband, das als Führung dient. Messen Sie hierfür ab der letzten Führungslinie auf der Stichplatte den erforderlichen Zusatzabstand aus, und kleben Sie dann das Klebeband entsprechend auf. Achten Sie darauf, dass es parallel zu der Führungslinie verläuft.

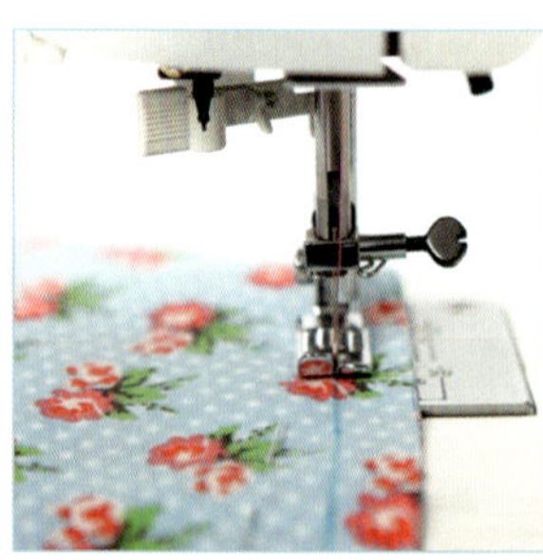

Markierungslinie

Sie können auch die Nahtlinie auf dem Stoff markieren. Benutzen Sie dabei immer einen richtigen Stoffmarker, und testen Sie auf einem Stoffrest, ob sich die Markierung wieder entfernen lässt. Diese Methode eignet sich für ungerade Nähte, da Sie dann nicht dauernd nachschauen müssen, wo die Stoffkante gerade ist.

Eine Naht anfangen und beenden

Sie müssen die Enden jeder Nahtlinie sichern, sonst lösen sie sich, und die Nähte gehen auf. Es gibt zwei einfache Methoden, dies zu tun.

Siehe auch:
- *Stiche*, S. 23
- *Mit der Nähmaschine nähen*, S. 21
- *Gerade Linien nähen*, S. 30

Rückwärtsnähen

Die meisten modernen Nähmaschinen haben eine Rückwärtsnähfunktion. Normalerweise handelt es sich dabei um einen kleinen Hebel, den man nach unten hält, oder um einen Knopf, auf den man drückt, sodass die Nähmaschine rückwärtsnäht. Ein paar rückwärtsgenähte Stiche sind eine großartige Methode, die Enden der meisten Nähte zu verriegeln.

Platzieren Sie den Stoff so in der Maschine, dass die unversäuberten Kanten an der entsprechenden Führungslinie für die Nahtzugabe liegen und die Nadel 1 cm vom Beginn der Naht entfernt anfängt zu nähen. Sie können überprüfen, ob der Stoff richtig positioniert ist, indem Sie am Handrad drehen, um die Nadel zu senken, bis sie den Stoff gerade so berührt. Halten Sie die Rückwärtstaste gedrückt, und nähen Sie ein paar Stiche rückwärts. Nähen Sie dabei nicht über den Rand des Stoffs hinaus, weil er sich sonst kräuselt.

Lassen Sie die Rückwärtsfunktion wieder los, und nähen Sie vorwärts, um die Naht zu vollenden. Wenn Sie am anderen Ende der Naht angelangt sind, kurz bevor Sie den Rand des Stoffs erreichen, drücken Sie erneut auf die Rückwärtstaste, und nähen Sie 1 cm rückwärts.

Enden verknoten

Wenn die Stichlinie sichtbar ist (z. B. wenn gesteppt wurde), kann ein rückwärtsgenähtes Ende unordentlich aussehen. Die beste Lösung ist hier, die Fäden auf der linken Stoffseite zu einem festen Knoten zu binden.

1 Bevor Sie anfangen zu nähen, ziehen Sie Ober- und Unterfaden um etwa 10 cm aus der Maschine. Nähen Sie dann die Naht. Schneiden Sie am anderen Ende die Fäden 10 cm vom Stoff entfernt ab. Ziehen Sie vorsichtig am Unterfaden, um eine Schlinge des Oberfadens durch den Stoff zu ziehen. Schieben Sie eine Stecknadel in diese Schlinge und ziehen Sie den Oberfaden durch, sodass beide Fadenenden jetzt auf der linken Seite des Stoffs sind.

2 Machen Sie einen einfachen Knoten, ziehen Sie dabei aber das eine Ende des Fadens zweimal durch die Schlaufe, die vom anderen Ende gebildet wird, bevor Sie den Knoten festziehen. Machen Sie einen zweiten Knoten auf die übliche Art. Dies nennt man einen Chirurgenknoten, das doppelte Durchziehen am Anfang verhindert, dass sich der erste Knoten löst, während man den zweiten macht. Schneiden Sie die Fadenenden etwa 1 cm vom Knoten entfernt ab.

3 Wenn der Knoten unter Spannung gerät, vernähen Sie die Fadenenden. Fädeln Sie die Enden auf eine Handnähnadel und machen Sie entweder ein paar Stiche von Hand oder machen Sie, wie auf der Abbildung gezeigt, winzige Rückstiche in die Nahtzugabe. Wenn Sie über andere Stichen nähen, achten Sie darauf, dass Sie die Nadel darunter hindurchführen und die Stiche nicht mit der Nadelspitze spalten.

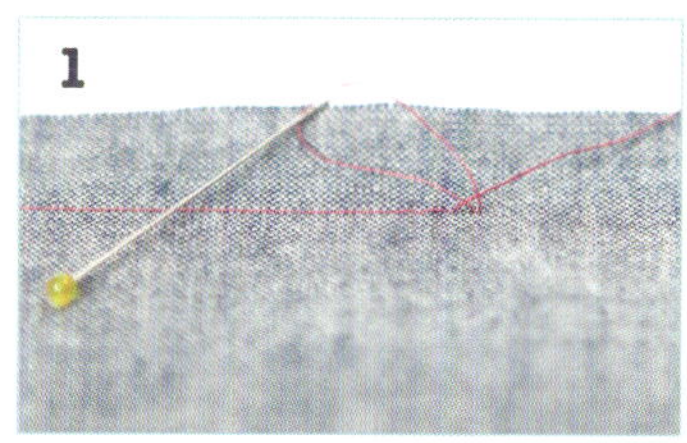

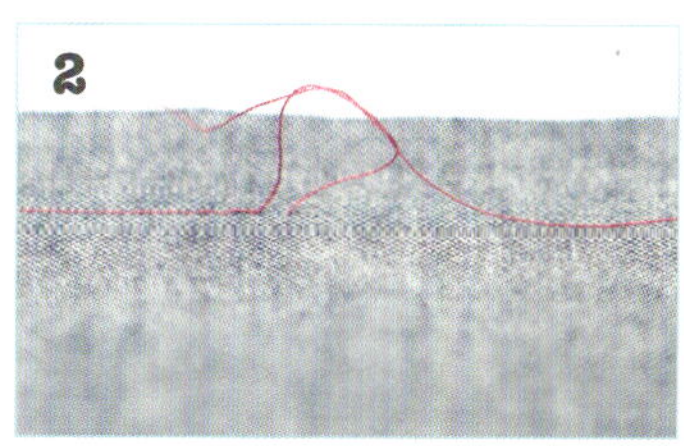

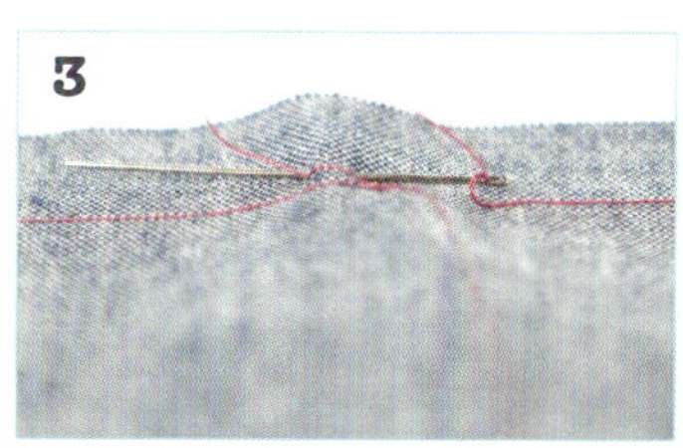

Abbildungen: eine Stichlinie, die durch Rückwärtsnähen (oben) und durch verknotete und vernähte Fäden verriegelt wurde (darunter)

Versäubern

Die meisten Stoffe fransen bis zu einem gewissen Grad aus, deshalb müssen die unversäuberten Schnittkanten einer offenen Nahtzugabe ordentlich gearbeitet werden – versäubert, wie man so schön sagt – um zu verhindern, dass sie letztendlich so weit ausfransen, dass sich die Naht auflöst. Welche Methode Sie wählen, hängt davon ab, wie sehr Ihr Stoff ausfranst, wie speziell das Projekt ist, ob die Nahtzugaben sichtbar sind und wie sehr sie der Abnutzung ausgesetzt sind.

Siehe auch:

Stiche, S. 23
Mit der Nähmaschine nähen, S. 21
Bügeln, S. 26/27
Gerade Linien nähen, S. 30
Offene Naht, S. 34
Schrägbandeinfassung mit Zickzackstich, S. 78

Bestens geeignet für:

- offene Nähte
- alle Stoffe, die ausfransen

1 Bei Faschingskostümen oder Kissen, die aus Stoffen bestehen, die nicht besonders stark ausfransen, kann man die Nahtzugaben mit der Zickzackschere beschneiden. Dies reicht jedoch nur bei Projekten aus, die nicht für die Ewigkeit gemacht sind oder nicht besonders beansprucht werden.

2 Die gängigste Methode, Nahtzugaben zu versäubern, besteht darin, sie mit Zickzackstich zu umnähen. Alle neueren Nähmaschinen haben diese Funktion. Testen Sie die Breite und die Weite des Zickzackstichs auf einem Rest des Projektstoffs, und passen Sie beides an, bis der Stich auf die Nahtzugabe passt und den Stoff nicht kräuselt. Pressen Sie mit dem Bügeleisen die Naht auf, und nähen Sie dann an jeder Nahtzugabe entlang. Beschneiden Sie danach die Nahtzugabe falls notwendig.

3 Wenn es schnell gehen muss, können Sie auch beide Nahtzugaben zusammen mit Zickzackstich versäubern. Pressen Sie die Nahtzugaben mit dem Bügeleisen auseinander und dann wieder zusammen. Nähen Sie dann im Zickzackstich beide Nahtzugaben zusammen. Beschneiden Sie sie, falls notwendig, und pressen Sie sie mit dem Bügeleisen auf eine Seite.

4 Verfügt Ihre Maschine über einen Overlockstich, können Sie auf eine ähnliche Weise versäubern wie mit Zickzackstich.

5 Für sichtbare Nähte ist das Versäubern mit Schrägband, das mit Zickzackstich angenäht wird, praktisch und schön; allerdings braucht das etwas Zeit. Wenn Sie den Stoff sehr akkurat schneiden und Nähte sehr exakt nähen können, ziehen Sie in betracht, alle Teile des Projekts mit Schrägband zu versehen, bevor Sie sie zusammennähen. Das ist leichter, lässt sich aber schwerer wieder rückgängig machen, falls etwas schiefgeht. Oder Sie versehen die Nahtzugaben nach dem Nähen der Naht mit Schrägband. Die Anleitung finden Sie im Kapitel *Schrägbandeinfassung mit Zickzackstich* (S. 78).

6 Mit Zickzackschere, Zickzackstich (bei offenen Nähten), Overlockstich und mit Schrägband versäuberte Nähte können für zusätzliche Sicherheit abgesteppt werden; die Stepplinien ergeben ein schönes Detail auf der rechten Seite (s. 6a). Dies ist bei dicken Stoffen praktisch oder bei Stoffen, die sich nur schwer umbügeln lassen.

Versäubern Sie die Nahtzugaben. Platzieren Sie den Stoff mit der rechten Seite nach oben so unter der Nähmaschine, dass die Kante des Nähfußes an der Naht liegt. Wenn Sie die Nähfußkante weiterhin an der Naht halten, wird die Naht hübsch gerade. Steppen Sie so die ganze Länge der Naht, nähen Sie dabei durch den Hauptstoff und die Nahtzugabe.

Wiederholen Sie dies auf der anderen Seite der Naht, beginnen Sie dabei am selben Ende. Wenn Sie auf beiden Seiten in dieselbe Richtung arbeiten, verzieht sich der Stoff nicht. Sie können Nahtzugaben, die im Zickzackstich zusammengenäht wurden, auch mit einer einzelnen Stepplinie auf einer Seite der Naht absteppen. Probieren Sie dies zunächst auf einem Stoffrest aus.

Nahtzugabe beschneiden auch bei mehreren Stofflagen

Wenn eine Naht mehr als zwei Lagen Stoff umfassen soll oder der Stoff sehr dick ist, kann die Naht unförmig werden. Dadurch liegt sie schlecht oder zeichnet sich auf der rechten Seite des Stoffs ab, wenn die Naht gebügelt wird. Die Nahtzugaben abzuschneiden kann diese Probleme beheben.

Siehe auch:

- *Bügeln*, S. 26/27
- *Gerade Linien nähen*, S. 30
- *Versäubern*, S. 32
- *Offene Naht*, S. 34

Bestens geeignet für:

- offene Nähte
- alle Stoffarten, vor allem schwerere

Nahtzugabe beschneiden

Wenn zwei Lagen dicken Stoffs zusammengenäht werden, können Sie zwei Drittel von einer oder beiden Nahtzugaben mit einer kleinen Schere abschneiden. Wenn Sie nur eine davon abschneiden, bedeutet dies nur, dass sich die beiden nicht mehr decken und das Ganze deshalb weniger unförmig ist, wenn sie auf die gleich Seite gebügelt werden. Wenn man beide Nahtzugaben abschneidet, wird die Naht weniger unförmig, wenn sie auseinandergebügelt wird. Wenn Sie denken, dass der Stoff dann ausfransen

könnte, schneiden Sie entweder mit der Zickzackschere oder versäubern Sie die Kante nach dem Abschneiden.

Oben: Nahtzugabe, bei der die eine Seite beschnitten und die andere mit Zickzackstich versäubert wurde

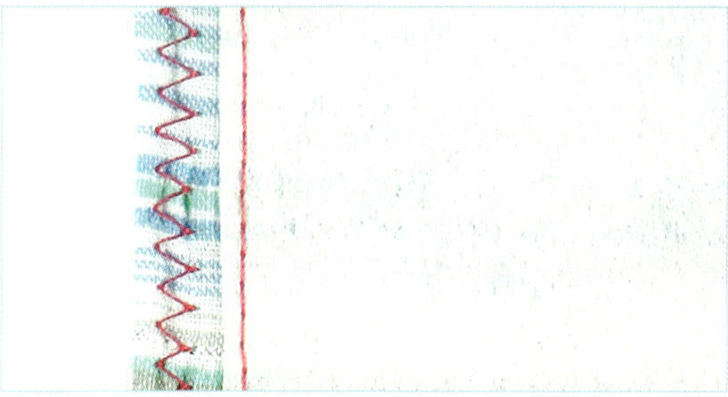

Mehrere Stofflagen

Wenn Sie mehrere Lagen Stoff in einer Naht zusammenfassen, sollten Sie die Nahtzugaben in unterschiedlicher Breite abschneiden. Auf der Abbildung oben hat man den Hauptstoff (den gestreiften Stoff) in voller Breite gelassen. Die Einlage ist auf 1 cm beschnitten worden und das Futter auf 5 mm. Die Kante des Hauptstoffs kann mit Zickzackstich oder Overlockstich versäubert werden. Die Einlage franst nicht aus, deshalb kann sie so bleiben, wie sie ist. Das Futter wurde mit der Zickzackschere beschnitten, da es schwierig ist, eine so schmale Nahtzugabe auf andere Weise zu versäubern.

Wenn der Stoff eine Einlage zum Einnähen bekommt, kann diese sehr nah an der Naht abgeschnitten werden, da sie nicht ausfranst. Wenn Sie eine Bügeleinlage verwenden, schneiden Sie sie zurecht, bevor Sie sie aufbügeln und die Naht schließen.

Gebogene Nähte

Auch gebogene Nähte müssen beschnitten werden, aber je nachdem, ob sie Ecken, Kurven oder Spitzen haben, schneidet man sie auf unterschiedliche Weise. Lesen Sie im Kapitel *Um die Ecke nähen* (S. 64–71) nach, wie man bei diesen Formen mit den Nahtzugaben verfährt.

Offene Naht

Dies ist die einfachste Naht und die, die Sie am häufigsten nähen werden. Auch wenn sie einfach ist, lohnt es sich zu lernen, wie man sie reibungslos und gut näht, weil alle Projekte besser aussehen, wenn die Nähte perfekt sind.

Siehe auch:

- *Stiche*, S. 23
- *Mit der Nähmaschine nähen*, S. 21
- *Mit Stecknadeln fixieren*, S. 24
- *Heften*, S. 25
- *Bügeln*, S. 26/27
- *Gerade Linien nähen*, S. 30
- *Eine Naht anfangen und beenden*, S. 31
- *Versäubern*, S. 32

Bestens geeignet für:

- gerade Nähte
- leicht gebogene Nähte
- alle Stoffe, vor allem schwere

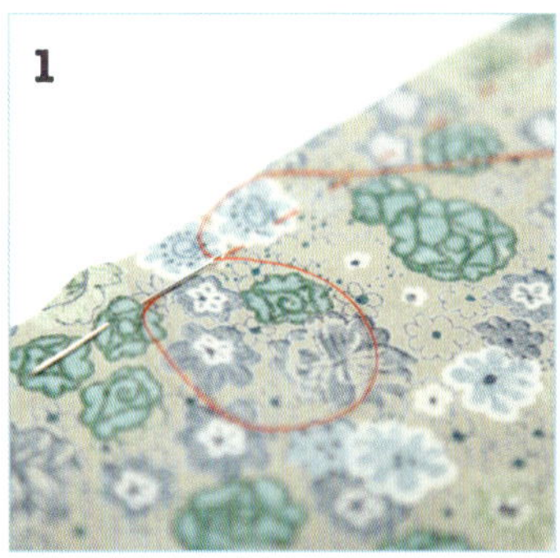

1 Stecken Sie die beiden Stoffteile, die zusammengenäht werden sollen, rechts auf rechts zusammen, und heften Sie sie, falls notwendig, 1 cm von der unversäuberten Kante entfernt zusammen.

2 Stellen Sie an der Nähmaschine einen mittellangen Geradstich ein. Legen Sie den Stoff so unter die Nähmaschine, dass Sie eine Nahtzugabe von 1,5 cm einhalten. Wenn die Enden durch Rückwärtsnähen verriegelt werden sollen, positionieren Sie den Stoff so, dass die Nadel 1 cm vom Beginn der Naht entfernt anfängt zu nähen.

3 Nähen Sie 1 cm rückwärts, danach vorwärts, um die Naht zu schließen. Wenn Sie am anderen Ende angelangt sind, nähen Sie wieder 1 cm rückwärts.

4 Entfernen Sie die Heftfäden. Pressen Sie den Nahtbereich mit dem Bügeleisen zusammen, danach die Nahtzugaben auseinander. Versäubern Sie auf die gewünschte Weise die Nahtzugaben.

Links: Eine offene Naht auf der rechten Seite (oben) und auf der linken Seite (unten) des Projekts

Falsche französische Naht

Leichter zu nähen als die traditionelle französische Naht ist die falsche französische Naht; sie schließt die unversäuberten Kanten komplett ein und bildet einen schönen, sauberen Abschluss auf der Rückseite. Benutzen Sie sie nicht für schwere Stoffe, denn das Ergebnis ist unförmig und steif. Diese Naht, die französische Naht (S. 36), sowie auch die offene Kappnaht (S. 37) bilden an der Innenseite einen kleinen Kamm, der durch die eingeschlossenen Nahtzugaben entsteht, deshalb eignen sich diese Nähte nicht für eng anliegende Kleidungsstücke.

Siehe auch:

- *Stiche*, S. 23
- *Mit der Nähmaschine nähen*, S. 21
- *Mit Stecknadeln fixieren*, S. 24
- *Heften*, S. 25
- *Bügeln*, S. 26/27
- *Gerade Linien nähen*, S. 30
- *Eine Naht anfangen und beenden*, S. 31
- *Offene Naht*, S. 34

Bestens geeignet für:

- gerade Nähte
- leicht gebogene Nähte
- durchsichtige, leichte und mittelschwere Stoffe
- Nähte, deren Rückseite zu sehen ist
- Nähte, die an der Rückseite abgenutzt werden

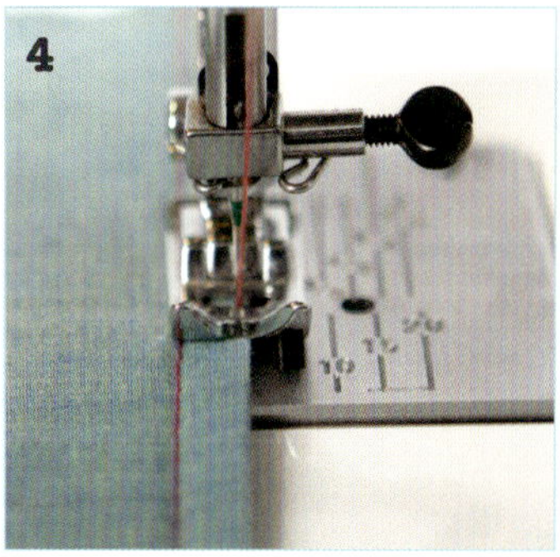

1 Nähen Sie die Stoffteile zusammen, indem Sie den Schritten 1–4 aus dem Kapitel *Offene Naht* (S. 34) folgen, versäubern Sie aber die Kanten nicht. Falten Sie eine der auseinandergebügelten Nahtzugaben der Länge nach auf die Hälfte, sodass die unversäuberte Stoffkante auf die Nahtlinie trifft. Bügeln Sie den Falz.

2 Falten und bügeln Sie die andere Nahtzugabe auf die gleiche Weise.

3 Falten Sie den Stoff rechts auf rechts zusammen. Pressen Sie den Nahtbereich mit dem Bügeleisen wieder flach, sodass die gefalteten Kanten der Nahtzugaben aufeinanderliegen.

4 Legen Sie den Stoff so unter die Nähmaschine, dass die Nadel sehr nah an den gefalteten Kanten zu nähen beginnt. Sie können überprüfen, ob sich der Stoff in der richtigen Position befindet, indem Sie durch Drehen am Handrad die Nadel senken, bis sie gerade so den Stoff berührt. Nähen Sie mit der Maschine die Kanten zusammen, verknoten Sie dann die Fäden, um die Naht zu verriegeln (es ist ziemlich schwierig, eine Naht, die sich so nah am Rand befindet, durch Rückwärtsnähen zu verriegeln).

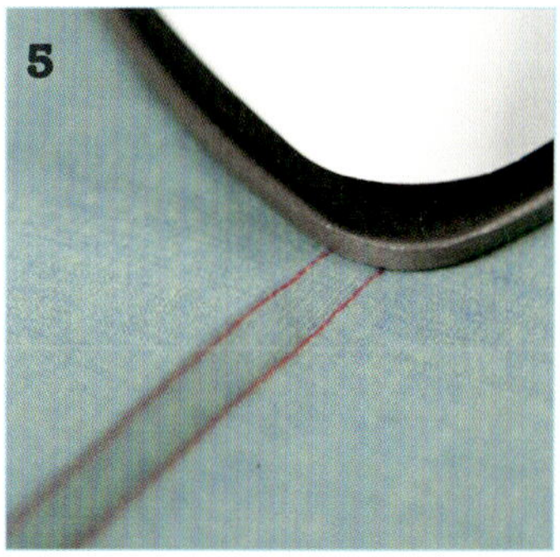

5 Bügeln Sie den Nahtbereich, klappen Sie dann den Stoff auf und legen Sie ihn flach auf den Tisch. Bügeln Sie die eingeschlossene Nahtzugabe auf eine Seite.

Rechts: falsche französische Naht auf der rechten Seite (oben) und auf der linken Seite (unten) des Projekts

Französische Naht

Dies ist eine klassische Naht, die die unversäuberten Kanten des Stoffs einschließt, um auf beiden Seiten der Arbeit einen ordentlichen Abschluss zu erhalten. Sie ist besonders gut für durchsichtige Stoffe wie den hier verwendeten Baumwoll-Organdy geeignet, aber nicht für Stoffe, die leicht ausfransen. Man muss vorsichtig und akkurat vorgehen, wenn man in Schritt 2 die Nahtzugaben abschneidet, damit keine Fäden durch die abschließende Naht heraushängen.

Siehe auch:

- *Stiche*, S. 23
- *Mit der Nähmaschine nähen*, S. 21
- *Mit Stecknadeln fixieren*, S. 24
- *Heften*, S. 25
- *Bügeln*, S. 26/27
- *Gerade Linien nähen*, S. 30
- *Eine Naht anfangen und beenden*, S. 31
- *Offene Naht*, S. 34

Bestens geeignet für:

- gerade Nähte
- durchsichtige, leichte und mittelschwere Stoffe
- Nähte, deren Rückseite zu sehen ist
- Nähte, die an der Rückseite abgenutzt werden

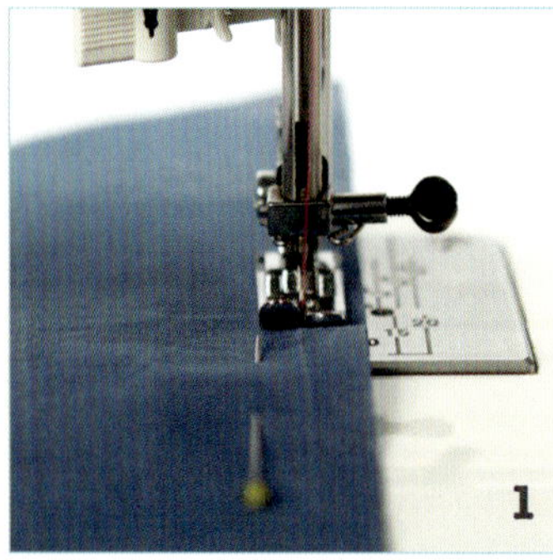

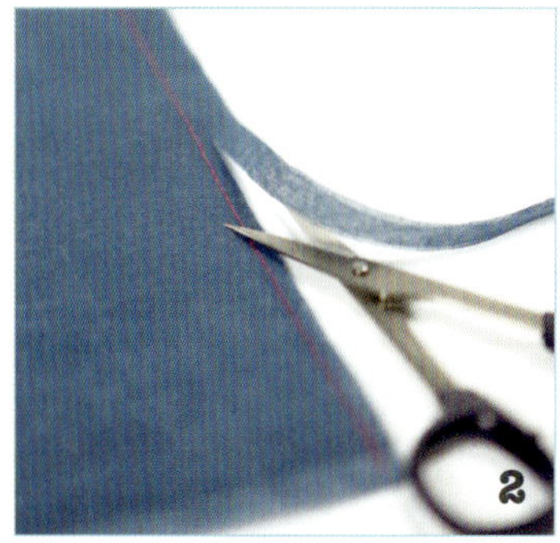

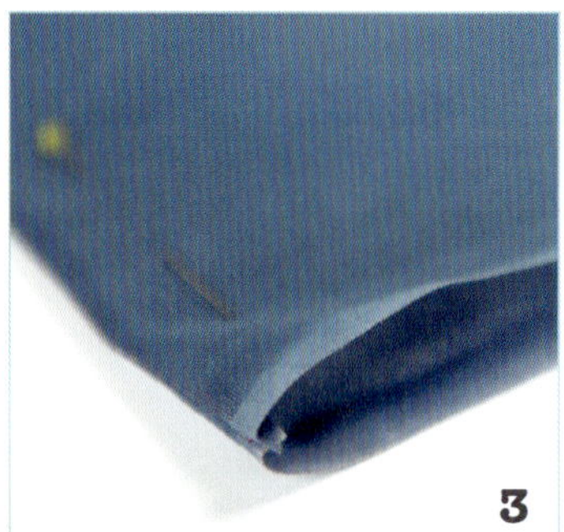

1 Stecken Sie die Stoffteile LINKS AUF LINKS zusammen. Nähen Sie die Teile zusammen wie in den Schritten 1–3 des Kapitels *Offene Naht* (S. 34) beschrieben; lassen Sie dabei jedoch eine Nahtzugabe von 1 cm. Pressen Sie den Nahtbereich mit dem Bügeleisen flach, aber pressen Sie die Nahtzugaben nicht auseinander.

2 Beschneiden Sie die Nahtzugaben auf etwa 3 mm.

3 Falten Sie den Stoff entlang der Naht jetzt so, dass die RECHTEN SEITEN aufeinanderliegen und die beschnittenen Nahtzugaben im Falz liegen. Stecken Sie die beiden Lagen mit Stecknadeln zusammen.

4 Legen Sie den Stoff unter den Nähfuß; dabei soll die gefaltete Kante 5 mm von der Nadel entfernt sein. Bei vielen Maschinen gibt es auf der Stichplatte keine 5-mm-Markierung, messen Sie also entweder von der Nadel aus und markieren Sie den Abstand durch Kreppband, oder verwenden Sie, wie hier, einen 5-mm-Nähfuß. Nähen Sie die Naht. Nähen Sie dabei an beiden Enden ein Stück rückwärts, um die Naht zu verriegeln.

5 Bügeln Sie den Nahtbereich; klappen Sie dann den Stoff auf, und legen Sie ihn flach auf den Tisch. Bügeln Sie die eingeschlossenen Nahtzugaben auf eine Seite.

Links: eine französische Naht auf der rechten Seite (oben) und auf der linken Seite (unten) des Projekts

Offene Kappnaht

Von allen Nähten mit eingefassten Kanten eignet sich diese hier am besten für Stoffe, die leicht ausfransen, wie die hier verwendete Dupionseide. Bei schweren Stoffen sollte man diese Naht nicht einsetzen. Die Rückseite ist nicht ganz so attraktiv wie bei einer falschen französischen Naht (S. 35) oder einer französischen Naht (gegenüber), aber sie ist strapazierfähig.

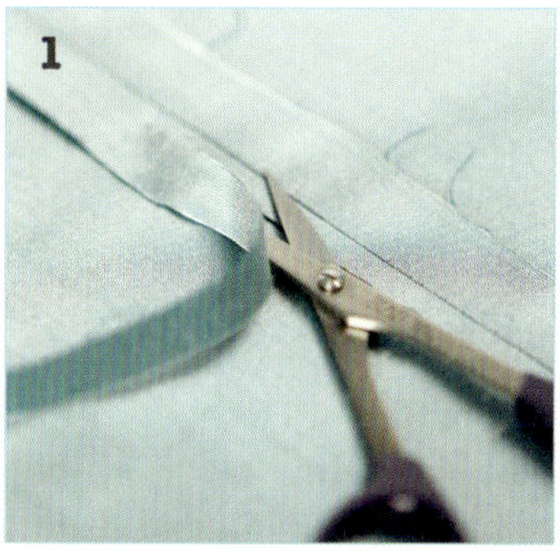

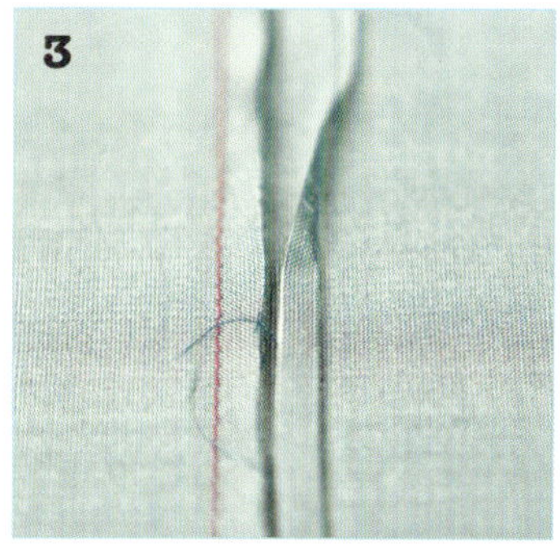

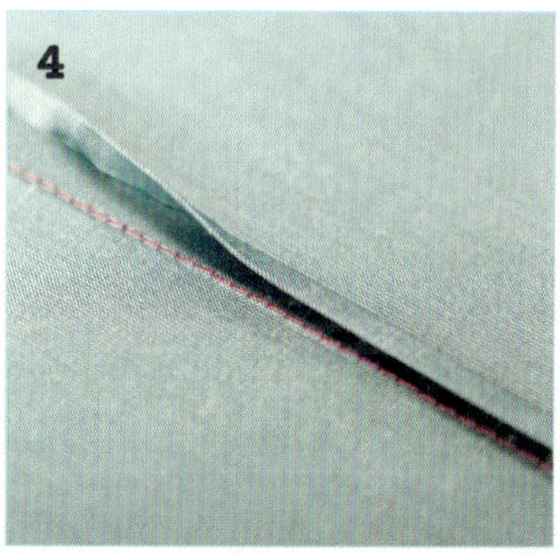

1 Nähen Sie die beiden Stoffteile zusammen, indem Sie den Schritten 1–4 des Kapitels *Offene Naht* (S. 34) folgen; versäubern Sie aber die Nahtzugaben nicht. Schneiden Sie eine der Nahtzugaben auf 5 mm zurück.

2 Bügeln Sie die beschnittene Nahtzugabe so um, dass sie flach auf der nicht beschnittenen Nahtzugabe liegt.

3 Falten Sie die Kante der unbeschnittenen Nahtzugabe so um, dass sie die Kante der beschnittenen Nahtzugabe beinahe, aber nicht ganz berührt. Den Falz bügeln.

4 Falten Sie die gebügelte Kante so über die beschnittene Kante, dass der gebügelte Falz auf der Nählinie der ursprünglichen Naht liegt. Der Umbruch sollte die Naht nicht überlappen, sonst kann die Naht auf der rechten Seite unförmig aussehen.

5 Falten Sie die rechten Seiten des Stoffs entlang der ursprünglichen Naht aufeinander, und bügeln Sie die gefalteten Nahtzugaben. Legen Sie den Stoff so unter die Nähmaschine, dass die Nadel sehr nah an der gefalteten Kante näht: Sie können dies überprüfen, indem Sie mit dem Handrad die Nadel senken, sodass sie den Stoff beinahe berührt. Nähen Sie die Naht mit der Maschine. Bügeln Sie den Nahtbereich, öffnen Sie dann den Stoff, legen Sie ihn flach auf den Tisch, und bügeln Sie die eingebundene Nahtzugabe so zu einer Seite, dass die übergefaltete Kante oben ist.

Siehe auch:

- *Stiche*, S. 23
- *Mit der Nähmaschine nähen*, S. 21
- *Mit Stecknadeln fixieren*, S. 24
- *Heften*, S. 25
- *Bügeln*, S. 26/27
- *Gerade Linien nähen*, S. 30
- *Eine Naht anfangen und beenden*, S. 31
- *Offene Naht*, S. 34

Bestens geeignet für:

- gerade Nähte
- leichte und mittelschwere Stoffe
- Stoffe, die leicht ausfransen
- Nähte, die an der Rückseite abgenutzt werden

Rechts: eine offene Kappnaht auf der rechten Seite (oben) und auf der linken Seite (unten) des Projekts

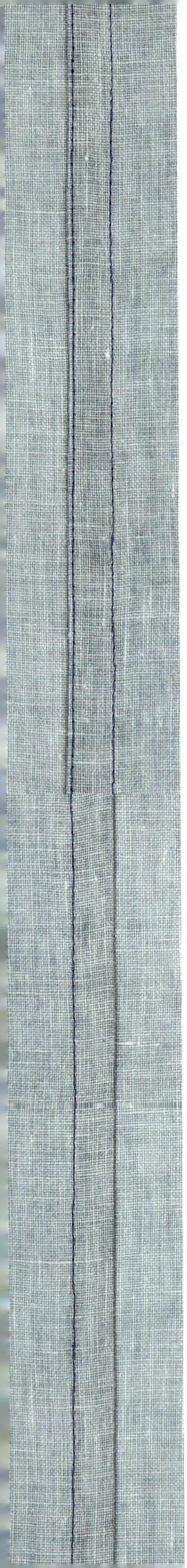

Geschlossene Kappnaht

Die wahrscheinlich bekannteste Nahtart, die außen an einem Jeanshosenbein verläuft. Die Kappnaht ist robust, eignet sich für schwere Stoffe, und anders als alle anderen eingebundenen Nähte ist sie auf der Rückseite flach und daher sehr bequem zu tragen. Allerdings braucht man zur Anfertigung von Schritt 5 eine schön gerade Linie.

Siehe auch:

- *Stiche*, S. 23
- *Mit der Nähmaschine nähen*, S. 21
- *Mit Stecknadeln fixieren*, S. 24
- *Heften*, S. 25
- *Bügeln*, S. 26/27
- *Gerade Linien nähen*, S. 30
- *Eine Naht anfangen und beenden*, S. 31
- *Offene Naht*, S. 34

Bestens geeignet für:
- gerade Nähte
- mittelschwere und schwere Stoffe
- Nähte, die an der Rückseite abgenutzt werden

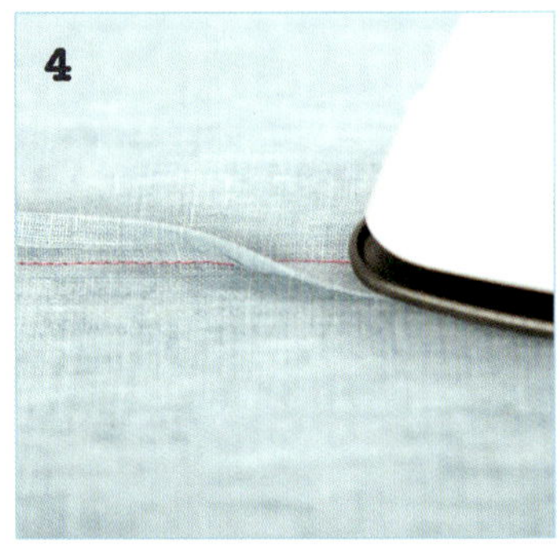

1 Stecken Sie die Stoffteile LINKS AUF LINKS zusammen. Nähen Sie die Teile gemäß der Schritte 1–4 des Kapitels *Offene Naht* (S. 34) zusammen, versäubern Sie dabei aber nicht die Nahtzugaben. Beschneiden Sie eine der Nahtzugaben auf 5 mm.

2 Bügeln Sie die beschnittene Nahtzugabe so um, dass sie flach auf der unbeschnittenen Nahtzugabe liegt.

3 Falten Sie die Kante der unbeschnittenen Nahtzugabe so um, dass sie die beschnittene Kante berührt. Bügeln Sie den Falz.

4 Bügeln Sie die ganze unbeschnittene Nahtzugabe so um, dass sie die beschnittene bedeckt und alle unversäuberten Kanten verborgen sind.

5 Legen Sie den Stoff so unter die Nähmaschine, dass die Nadel sehr nah an der Faltkante näht. Um zu überprüfen, ob der Stoff in der richtigen Position ist, können Sie mithilfe des Handrads die Nadel senken, bis sie den Stoff gerade so berührt. Nähen Sie ganz nah an der gefalteten Kante, um die Naht zu vollenden. Bügeln Sie die Naht flach.

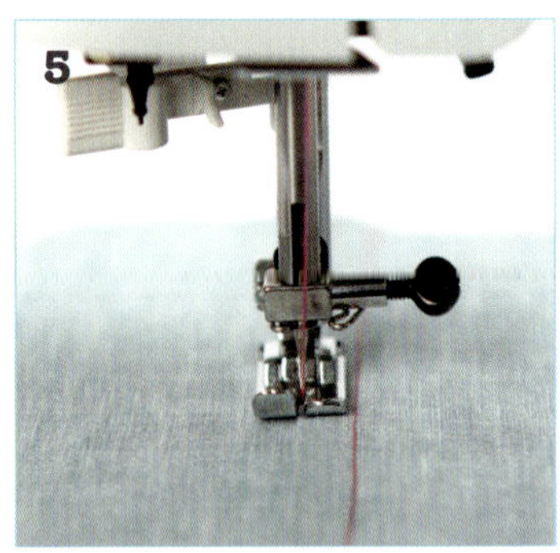

Links: eine Kappnaht auf der rechten Seite (oben) und auf der linken Seite (unten) des Projekts

Sich kreuzende Nähte

Nähte, die sich kreuzen oder aufeinandertreffen, müssen auf eine bestimmte Weise behandelt werden, sonst bilden die Nahtzugaben Klumpen. Dieses Beispiel zeigt sich kreuzende Nähte; die gleichen Prinzipien gelten jedoch auch, wenn zwei Nähte in T-Form aufeinander treffen.

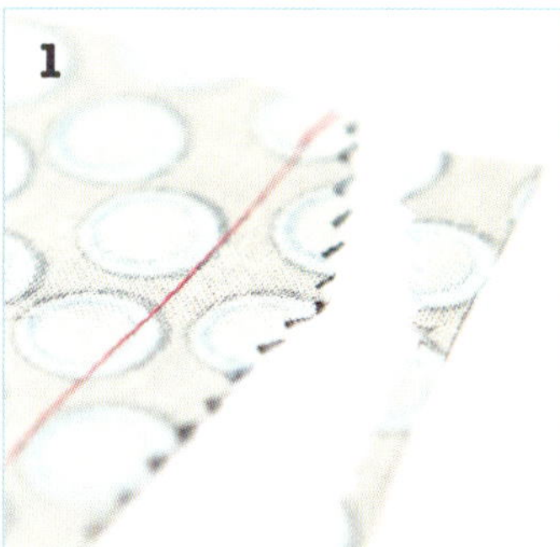

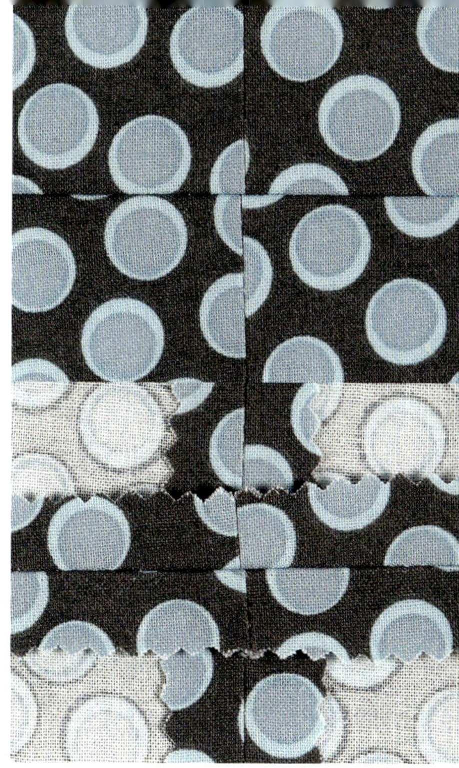

Rechts: sich kreuzende Nähte auf der rechten Seite (oben) und auf der linken Seite (unten) des Projekts

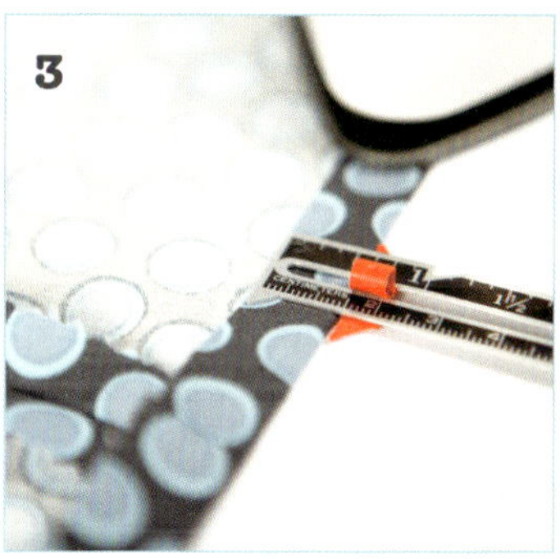

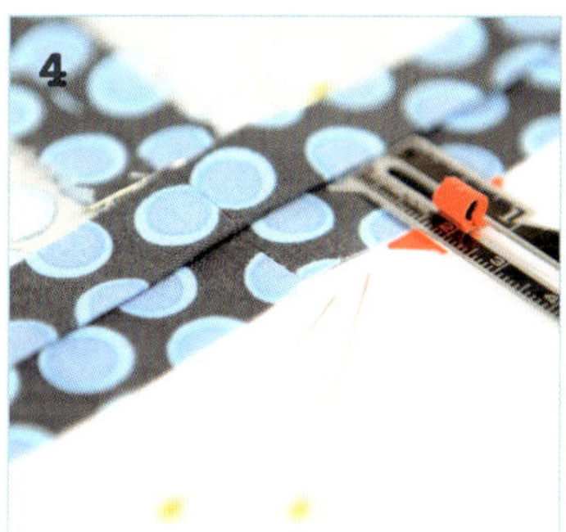

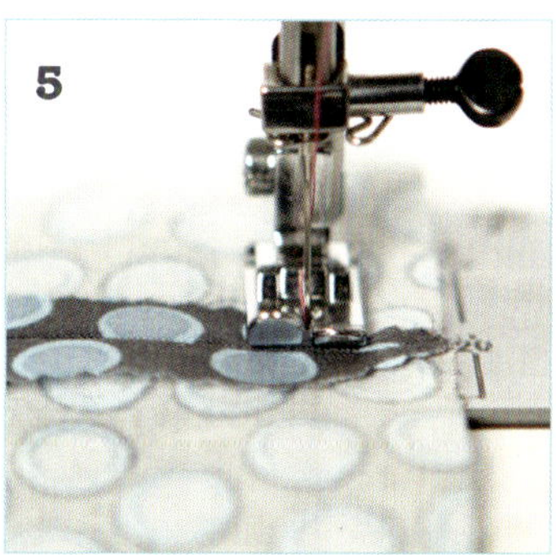

1 Nähen Sie die ersten Teile mithilfe der Schritte 1–3 des Kapitels *Offene Naht* (S. 34) zusammen. Pressen Sie den Nahtbereich mit dem Bügeleisen flach, bügeln Sie dabei aber nicht die Nähte auseinander. Schneiden Sie an dem Ende der Naht, die die andere Naht kreuzen wird, die Nahtzugaben spitz zu, beginnen Sie dabei 2 cm vom Ende der Naht entfernt, und schrägen Sie den Schnitt so ab, dass er am Ende noch etwa 3 mm von der Naht entfernt ist. Wenn Sie die Nahtzugabe mit der Zickzackschere beschneiden, verhindern Sie, dass die Kanten ausfransen.

2 Pressen Sie die Nahtzugaben mit dem Bügeleisen auseinander. Wiederholen Sie die Schritte 1/2 mit dem anderen Teil, der diesen kreuzen soll.

3 Messen Sie genau, und bügeln Sie an einem der Teile, die verbunden werden sollen, die Nahtzugabe (über dem beschnittenen Ende der ersten Naht) um.

4 Legen Sie das gebügelte Stück auf das andere Stück, 1,5 cm von der unversäuberten Kante entfernt, sodass die Nähte perfekt aufeinanderliegen. Stecken Sie die Teile zusammen, und pressen Sie die obere Nahtzugabe wieder mit dem Bügeleisen flach.

5 Nähen Sie die neue Naht wie eine offene Naht mit einer Nahtzugabe von 1,5 cm. Nähen Sie sorgfältig über die Enden der ersten Naht, sorgen Sie dafür, dass die Nahtzugaben dabei keine Falten werfen oder sich kräuseln.

6 Bügeln Sie die neuen Nähte zuerst zusammen und dann auseinander.

Siehe auch:

- *Stiche*, S. 23
- *Mit der Nähmaschine nähen*, S. 21
- *Mit Stecknadeln fixieren*, S. 24
- *Heften*, S. 25
- *Bügeln*, S. 26/27
- *Gerade Linien nähen*, S. 30
- *Eine Naht anfangen und beenden*, S. 31
- *Offene Naht*, S. 34

Bestens geeignet für:

leichte und mittelschwere Stoffe

Einsäumen

Viele Ihrer Nähprojekte werden irgendwo einen Saum brauchen, sei es am unteren Rand eines Rockes, dem oberen Rand einer Tasche oder der Öffnung eines Kissenbezugs. Ein glatter, schön genähter Saum, der von der Art her zu Ihrem Projekt passt, verleiht Ihrer Arbeit den letzten Schliff und verwandelt damit etwas Hausgemachtes in etwas Handgemachtes.

Saumzugabe

Die Stoffmenge, die umgeschlagen wird, um den Saum herzustellen, wird Saumzugabe genannt. Bei leichten Stoffen nimmt man in der Regel 2,5 cm für einen einfachen Saum und 3,5 cm für einen Doppelsaum – der am häufigsten verwendeten Art. Schauen Sie immer nach, was in der Anleitung angegeben ist. Bei schwereren Stoffen kann die Saumzugabe bis zu 8 cm betragen, da schmale Säume bei dicken Stoffen steif und unförmig werden. Vorhänge haben eine Saumzugabe von bis zu 20 cm.

Bei Kinderkleidung kann man zusätzlich Saum zugeben, damit man noch etwas Stoff auslassen kann, wenn die Kinder wachsen, beachten Sie dabei aber, dass ein zu breiter Saum seltsam herunterhängt. Wenn der Saum ausgelassen wird, kann es zudem passieren, dass sich die ursprüngliche Faltlinie weiterhin abzeichnet. Diese kann verdeckt werden, indem man ein Band oder eine Borte darauf näht (s. *Bänder und Borten aufnähen*, S. 90).

Einfacher Saum

Oben: ein einfacher Saum auf der rechten Seite (links) und auf der linken Seite (rechts) des Projekts

Dies ist der einfachste Saum, er eignet sich nur, wenn die umgeschlagene Kante die Webkante ist, oder wenn das Projekt nicht besonders beansprucht wird – z. B. ein Halloween-Kostüm – und es ausreicht, die unversäuberten Kanten mit Zickzackstich zu versäubern. Webkanten zu verwenden ist verlockend, aber sie können Probleme mit sich bringen, deshalb den Kasten unten durchlesen, bevor Sie eine solche Kante verwenden.

Siehe auch:

- *Stiche*, S. 23
- *Mit der Nähmaschine nähen*, S. 21
- *Mit Stecknadeln fixieren*, S. 24
- *Bügeln*, S. 26/27
- *Eine Naht anfangen und beenden*, S. 31

Bestens geeignet für:

- gerade Säume
- Webkanten
- alle Stoffe

1 Verwenden Sie ein Lineal oder eine Nahtlehre, um den Saum abzumessen, falten Sie die Webkante des Stoffs um 2,5 cm um. Den Falz bügeln.

2 Stecken Sie die Webkante fest. Stellen Sie an der Nähmaschine einen mittellangen Geradstich ein. Legen Sie den Stoff so unter den Nähfuß der Maschine, dass die Kante des Nähfußes an der Webkante liegt. Nähen Sie den Saum, entfernen Sie dabei nach und nach die Stecknadeln, und verriegeln Sie die Naht an beiden Enden.

Webkanten

Als Webkante bezeichnet man die Kante an der Längsseite des Stoffs: Sie entsteht bei der Herstellung des Stoffs und franst nicht aus. Gewebte Stoffe, so wie der hier verwendete, haben normalerweise eine Webkante in derselben Farbe wie der Hauptteil des Stoffs, allerdings ist sie aus einem leicht anderen, festeren Gewebe. Dies kann beim Waschen einlaufen, wodurch sich ein Saum mit Webkante unattraktiv und dauerhaft kräuseln würde. Bedruckte Stoffe haben normalerweise eine weiße Webkante – oft ist darauf der Name des Herstellers gedruckt –, und auch diese kann ein anderes Gewebe haben. Wenn Sie die Webkante verwenden wollen, sollten Sie ein Stück Stoff waschen, um zu sehen, wie es sich verhält.

Oben: ein Doppelsaum auf der rechten Seite (links) und auf der linken Seite (rechts) des Projekts

Doppelsaum

Die am häufigsten verwendete Saumart verleiht dem Projekt einen ordentlichen Abschluss, indem die unversäuberte Kante eingeschlossen wird. Wenn der Stoff zum Ausfransen neigt, die unversäuberte Kante entweder mit der Zickzackschere beschneiden oder mit Zickzackstich versäubern, bevor man den Stoff zum ersten Mal umschlägt.

Siehe auch:

- *Stiche*, S. 23
- *Mit der Nähmaschine nähen*, S. 21
- *Mit Stecknadeln fixieren*, S. 24
- *Heften*, S. 25
- *Bügeln*, S. 26/27
- *Eine Naht anfangen und beenden*, S. 31
- *Versäubern*, S. 32
- *Einfacher Saum*, S. 42

1 Messen Sie mit einem Lineal oder einer Nahtlehre vom Rand des Stoffs 1 cm ab, und schlagen Sie diesen um. Den Falz bügeln.

2 Falten Sie den Stoff weitere 2,5 cm um, und bügeln Sie auch den zweiten Falz. Stecken Sie die umgefaltete Kante fest, und nähen Sie den Saum mit der Nähmaschine wie einen einfachen Saum, indem Sie die Nähfußkante an den ersten gebügelten Falz anlegen.

Bestens geeignet für:

- gerade Säume
- alle Stoffe

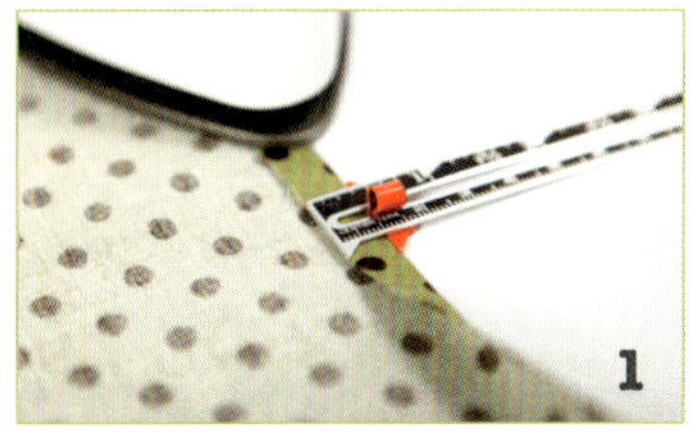

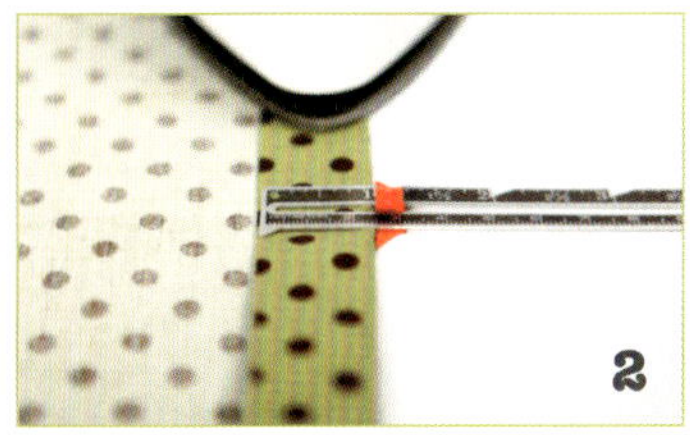

Schmaler Saum

Ein sehr schmaler Doppelsaum kann schwierig zu nähen sein, vor allem wenn der Stoff sehr dünn ist. Diese Methode geht schnell und einfach und gelingt leicht. Sie benötigen eine Saumzugabe von der gewünschten Breite des Doppelsaums plus 1,5 cm.

Siehe auch:

- *Stiche*, S. 23
- *Mit der Nähmaschine nähen*, S. 21
- *Mit Stecknadeln fixieren*, S. 24
- *Heften*, S. 25
- *Bügeln*, S. 26/27
- *Eine Naht anfangen und beenden*, S. 31
- *Doppelsaum*, S. 43

Bestens geeignet für:

- gerade Säume
- sehr dünne und leichte Stoffe

1 Messen Sie mit dem Lineal oder der Nahtlehre 1,5 cm von der Stoffkante ab, schlagen Sie diese um, und stecken Sie sie fest. Stellen Sie auf der Nähmaschine einen mittellangen Geradstich ein, und nähen Sie sehr nah am Umbruch entlang.

2 Schneiden Sie die Nahtzugabe dicht an der Naht ab. Die Entfernung zwischen der gefalteten Kante und der beschnittenen Kante bestimmt die Breite des Saums.

3 Falten Sie den Saum um, um die unversäuberte Kante einzuschließen. Nähen Sie dann mit der Nähmaschine über die erste Naht, um den Saum zu vollenden.

Unten: ein schmaler Saum auf der rechten Seite (links) und auf der linken Seiten (rechts) des Projekts

Blindsaum

Oben: ein Blindsaum auf der rechten Seite (links) und auf der linken Seiten (rechts) des Projekts

Diesen Saum können Sie nur verwenden, wenn Ihre Nähmaschine eine Blindsticheinstellung hat, aber es handelt sich dabei mehr oder weniger um eine Standardfunktion, über die die meisten modernen Maschinen verfügen. Man muss eventuell ein wenig herumprobieren, um ein perfektes Resultat zu erhalten, deshalb sollten Sie spezifische Informationen der Bedienungsanleitung Ihrer Nähmaschine entnehmen und zuerst auf einem Stoffrest üben, bevor Sie ein Projekt auf diese Weise säumen.

Siehe auch:

- *Stiche*, S. 23
- *Mit der Nähmaschine nähen*, S. 21
- *Mit Stecknadeln fixieren*, S. 24
- *Heften*, S. 25
- *Bügeln*, S. 26/27
- *Eine Naht anfangen und beenden*, S. 31
- *Versäubern*, S. 32
- *Doppelsaum*, S. 43

Bestens geeignet für:

- gerade Säume
- alle Stoffe

1

2

1 Folgen Sie den Schritten 1/2 des Kapitels *Doppelsaum* (S. 43).

2 Falten Sie den gebügelten Saum so auf die rechte Seite des Hauptstoffs, dass nur noch ein Streifen von 1 cm Saum sichtbar ist, wie auf der Abbildung gezeigt. Die genaue Breite, die sichtbar sein muss, hängt von den Funktionen Ihrer Maschine ab, deshalb sollten Sie spätestens jetzt in die Betriebsanleitung schauen und auf einem Stoffrest üben.

3 Stellen Sie an Ihrer Nähmaschine die Blindstichfunktion ein, und verwenden Sie den entsprechenden Nähfuß (normalerweise ein Zickzack- oder ein spezieller Blindstichnähfuß). Drehen Sie am Handrad, bis die Nadel ganz rechts ist, legen Sie dann den Stoff so unter den Nähfuß, dass die Nadel in den sichtbaren Bereich des umgefalteten Saums sticht.

4 Während Sie den Saum nähen, wird sich die Nadel nach links bewegen, und wenn Sie ganz links ist, sollte sie knapp über der umgefalteten Kante einstechen. Die Nadel sollte nicht genau über dem Bruch sein, sonst greift der Stich nicht genug Stoff, um den Saum haltbar zu machen. Sie sollte auch nicht zu weit über dem Bruch sein, sonst ist der Stich auf der rechten Seite gut sichtbar. Experimentieren Sie auf Ihrem Stoffrest, bis Sie es schaffen, den Stoff genau richtig unter der Nadel zu positionieren. Markieren Sie dann, falls notwendig, die Position der rechten Stoffkante mit einem Stück Kreppband auf der Stichplatte.

3

4

Gebogener Saum

Oben: ein gebogener Saum auf der rechten Seite (links) und auf der linken Seiten (rechts) des Projekts

Für Projekte mit gebogenem Saum – z. B. ein Tellerrock oder eine runde Tischdecke – benötigt man diese Saumtechnik. Das Heften mag einem hier ein wenig zeitaufwendig vorkommen, aber es lohnt sich, weil der Saum hinterher perfekt aussieht. Denken Sie daran, den Stoffmarker auf einem Stoffrest auszuprobieren, um sicherzustellen, dass er auch wirklich verschwindet.

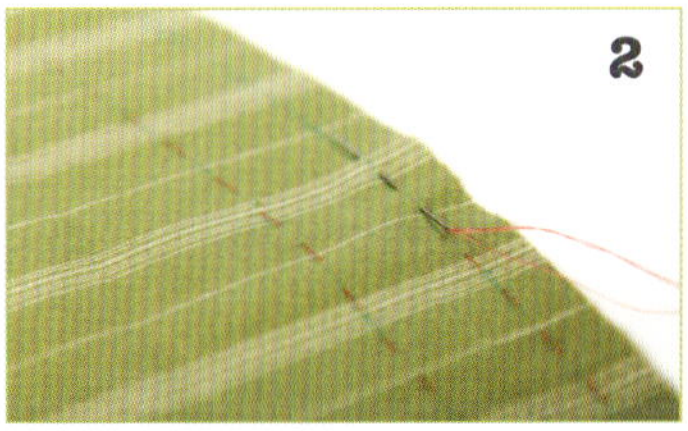

Siehe auch:

- *Stiche*, S. 23
- *Mit der Nähmaschine nähen*, S. 21
- *Mit Stecknadeln fixieren*, S. 24
- *Heften*, S. 25
- *Bügeln*, S. 26/27
- *Eine Naht anfangen und beenden*, S. 31
- *Versäubern*, S. 32
- *Doppelsaum*, S. 43

Bestens geeignet für:

- alle Stoffe

1 Messen Sie mit dem Lineal oder der Nahtlehre konzentrische Linien im Abstand von 3,5 cm und 1 cm von der Stoffkante ab. Am besten werden hierfür 5 cm voneinander entfernte Punkte markiert, die später von Hand verbunden werden.

2 Heften Sie mit einem Kontrastfaden entlang der markierten Linien. Sie können ziemlich lange Stiche verwenden, sie sollten jedoch von der Länge her einigermaßen gleichmäßig sein. Lassen Sie an der Heftlinie, die näher an der unversäuberten Kante liegt, an beiden Enden ein langes Stück Faden hängen.

3 Falten Sie den Stoff an dieser unteren Heftlinie um, und bügeln Sie den Falz. Machen Sie sich keine Sorgen, wenn dabei Falten im umgeklappten Stoff entstehen, konzentrieren Sie sich einfach darauf, dass die Saumlinie glatt bleibt.

4 Falten Sie nun den Stoff entlang der oberen Heftlinie, bügeln Sie den Falz aber noch nicht. Stecken Sie viele Stecknadeln im rechten Winkel hinein – mit den Stecknadelköpfen nach außen – um den Saum in Position zu halten. Auch hier ist es gleichgültig, wenn sich der Stoff kräuselt oder Falten bekommt, konzentrieren Sie sich darauf, aus der Saumlinie eine glatte Kurve zu machen.

5 Ziehen Sie nun vorsichtig an den beiden langen Fadenenden der unteren Heftlinie. Arbeiten Sie sich methodisch am Saum entlang, ziehen Sie gleichmäßig angeordnete Falten, bis der innere Rand so flach wie möglich daliegt.

6 Heften Sie an der inneren Kante des Saums entlang, verwenden Sie dieses Mal kleine Stiche, um die Falten zu sichern. Den Saum bügeln und dabei die Falten plattdrücken.

7 Stellen Sie einen mittellangen Geradstich an der Nähmaschine ein. Legen Sie den Stoff so unter die Maschine, dass die Nähfußkante an der inneren Saumlinie liegt. Nähen Sie den Saum mit der Nähmaschine, nähen Sie dabei vorsichtig über die Falten, damit sie sich nicht zu unförmigen Grüppchen zusammenschieben. Entfernen Sie die Heftstiche, und bügeln Sie den fertigen Saum gründlich.

Briefecken

Bei der Vorstellung, rechtwinklige, flache Ecken mit Gehrung zu nähen, werden viele Nähneulinge blass, aber es ist keine besonders schwierige Technik, man muss nur akkurat messen und bügeln können. Wie üblich können die unversäuberten Kanten umgeschlagen oder mit Zickzack versäubert werden, wenn Sie befürchten, dass der Stoff ausfransen könnte.

Siehe auch:

- *Stiche*, S. 23
- *Mit der Nähmaschine nähen*, S. 21
- *Mit Stecknadeln fixieren*, S. 24
- *Heften*, S. 25
- *Bügeln*, S. 26–27
- *Eine Naht anfangen und beenden*, S. 31
- *Versäubern*, S. 32
- *Doppelsaum*, S. 43
- *Nach innen gerichtete rechtwinklige Ecke*, S. 66

Bestens geeignet für:

- alle Stoffe

1

2

3

1 Messen Sie mit dem Lineal oder der Nahtlehre genau 1 cm vom Rand des Stoffes ab. Falten Sie diesen Rand um, und bügeln Sie den Falz. Falten Sie die Kanten weitere 2,5 cm um, und bügeln Sie auch diesen zweiten Falz.

2 Klappen Sie die gebügelten Säume wieder auf, und legen Sie den Stoff mit der rechten Seite nach unten auf die Arbeitsfläche. Falten Sie an der Ecke ein Stoffdreieck um, und pressen Sie den Eckfalz mit dem Bügeleisen flach.

3 Klappen Sie dann die Ecke wieder auf; falten Sie sie jetzt in der Mitte so rechts auf rechts, dass die unversäuberten Kanten und die Enden der gebügelten Eckfalten aufeinanderliegen. Stecken Sie die Lagen entlang der gebügelten Eckfalte zusammen; der Stecknadelkopf sollte dabei zu den unversäuberten Kanten des Stoffes zeigen.

Links: eine Briefecke auf der rechten Seite des Projekts
Rechts: Briefecke auf der linken Seite des Projekts

4

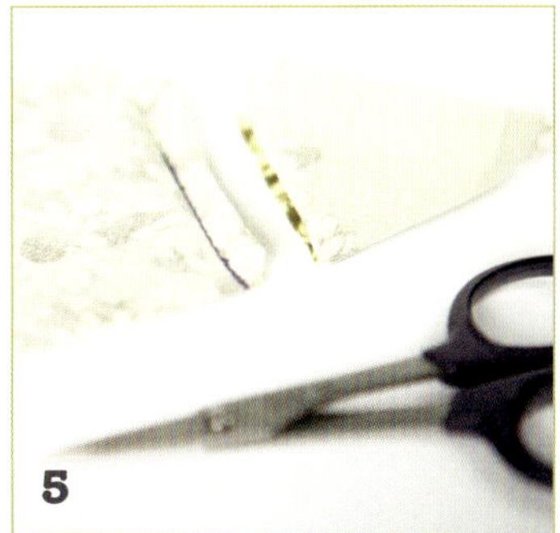

5

6

7

8

9

4 Stellen Sie auf der Nähmaschine einen mittellangen Geradstich ein. Beginnen Sie an der Bruchlinie, nähen Sie an der gebügelten Ecklinie entlang bis zu der zuerst gebügelten Saumlinie, verriegeln Sie die Naht an beiden Enden durch Rückwärtsnähen.

5 Schneiden Sie die Stoffecke 5 mm über der Nahtlinie ab. Schrägen Sie an der gefalteten Kante den Stoff ein wenig ab, wie auf der Abbildung gezeigt.

6 Die Ecken entlang der als zweites gebügelten Saumlinie aufklappen. Bügeln Sie die in Schritt 5 geschnittene Kante auf eine Seite. Die Abschrägung – die sich jetzt an der Spitze befindet – sollte genau in der rechtwinkligen Ecke liegen.

7 Wenden Sie die Ecke auf rechts, und bügeln Sie die zweiten Saumlinien erneut, sodass alles rechtwinklig und flach daliegt.

8 Falten Sie die zuerst gebügelte Saumlinie unter, und stecken Sie den Saum fest.

9 Legen Sie den Stoff so unter die Nähmaschine, dass die Nähfußkante an der ersten Saumlinie liegt. Nähen Sie den Saum mit der Nähmaschine, drehen Sie an den Ecken den Stoff um die Nadel. Bügeln Sie die gesäumten Kanten und Ecken sorgfältig.

Saumkante mit Band versäubern

Wenn Sie nicht genug Stoff für einen Doppelsaum haben (vielleicht weil sie einen Saum auslassen), dann ist ein Saum mit Band eine großartige Lösung. Er eignet sich auch für schwere Stoffe, bei denen ein Doppelsaum sehr unförmig wäre. In diesem Beispiel wird ein leichter Stoff und ein leichtes Band verwendet, aber für schwere Stoffe sollte eigens dafür vorgesehenes Saumband verwendet werden. Bevor Sie das Band aufnähen, sollten Sie die Stoffkanten versäubern, wenn der Stoff zum Ausfransen neigt.

Siehe auch:

- *Stiche*, S. 23
- *Mit der Nähmaschine nähen*, S. 21
- *Mit Stecknadeln fixieren*, S. 24
- *Heften*, S. 25
- *Bügeln*, S. 26/27
- *Eine Naht anfangen und beenden*, S. 31
- *Versäubern*, S. 32
- *Einfacher Saum*, S. 42
- *Saum mit Besatz*, S. 49

Bestens geeignet für:

- gerade Säume
- alle Stoffe, vor allem schwere

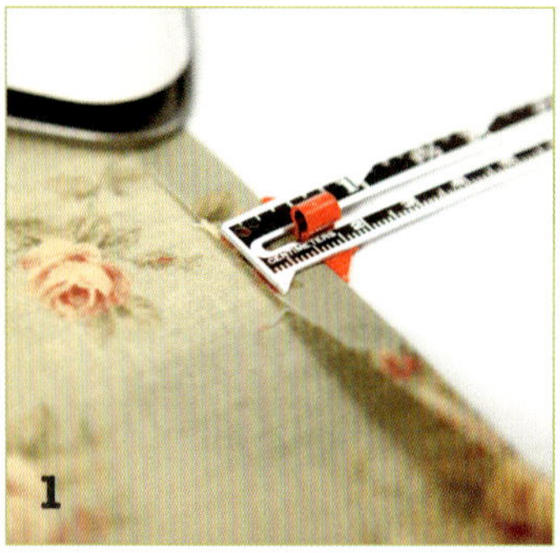
1

2

Oben: ein mit Schlingstich genähter Saum mit Band auf der rechten Seite (links) und auf der linken Seite (rechts) des Projekts

3

4

1 Falten Sie an der Stoffkante mithilfe von Lineal oder Nahtlehre 1 cm um. Bügeln Sie den Falz.

2 Legen Sie den Stoff wieder flach auf die Arbeitsfläche, und stecken Sie das Band auf der rechten Seite 5 mm unter dem Falz fest.

3 Stellen Sie an der Nähmaschine einen mittellangen Geradstich ein. Legen Sie den Stoff so unter den Nähfuß der Nähmaschine, dass der Rand des Nähfußes an der gefalteten Kante liegt: Wenn Sie anfangen zu nähen, sollte die Stichlinie auf dem Band sein, sehr nah an dessen oberer Kante. Nähen Sie das Band mit der Maschine am Stoff fest.

4 Falten Sie den Stoff erneut entlang der Linie, die Sie in Schritt 1 gebügelt haben, danach können Sie sich aussuchen, mit welcher Technik Sie den Saum vollenden. Sie können mit der Nähmaschine an der anderen Kante des Bandes entlangnähen, oder Sie nähen es wie auf der Abbildung gezeigt von Hand mit dem Schlingstich fest. Der Schlingstich ist auf der rechten Seite beinahe unsichtbar. Wenn Sie hingegen die Kante mit der Nähmaschine nähen, wird die Naht sichtbar sein (s. Schritt 6, Saum mit Besatz, gegenüber).

Band auswählen

Das Band muss ähnlich schwer sein wie der Stoff, man sollte also keine leichten Bänder auf dickem Wollstoff verwenden. Außerdem muss man auch ans Waschen denken: Band und Stoff sollten auf ähnliche Weise waschbar sein. Wenn Sie diese praktischen Probleme gelöst haben, können Sie sich mit dem Aussehen des Bandes befassen. Ein hübsches gemustertes Band wird von fast niemandem gesehen außer von Ihnen, aber Sie werden wissen, dass es da ist. Es verleiht Ihrem Werk den berühmt-berüchtigten letzten Schliff, und wer tatsächlich einen Blick darauf erhascht, wird beeindruckt sein.

Saum mit Besatz

Oben: ein mit der Nähmaschine genähter Saum mit Besatz auf der rechten Seite (links) und auf der linken Seite (rechts) des Projekts

Diese Art von Saum ähnelt dem mit Band versäuberten Saum und eignet sich großartig, wenn der Hauptstoff knapp ist. Da Sie hierbei zwei Stoffarten nah an der Saumlinie verbinden, eignet er sich nicht für schwere Stoffe, da der Saum sonst unförmig wird. Auch das ist eine perfekte Gelegenheit, dem Projekt ein besonderes Finish zu geben, indem man den Saum mit einem Stoff besetzt, der zum Hauptstoff passt oder einen Kontrast bildet. Der Besatz sollte zwischen 4 cm und 7 cm breit sein und aus einem Stoff bestehen, der ähnlich schwer ist wie der Hauptstoff und auch eine ähnliche Faserzusammensetzung haben sollte. Die Technik wird hier an einem geraden Saum gezeigt, sie kann aber auch für einen gebogenen Saum eingesetzt werden; dann muss man den Besatz allerdings einschneiden, damit er der Kurve des Hauptstoffs entspricht.

Siehe auch:

- *Stiche*, S. 23
- *Mit der Nähmaschine nähen*, S. 21
- *Mit Stecknadeln fixieren*, S. 24
- *Heften*, S. 25
- *Bügeln*, S. 26/27
- *Eine Naht anfangen und beenden*, S. 31
- *Versäubern*, S. 32
- *Saumkante mit Band versäubern*, S. 48

Bestens geeignet für:

- gerade und gebogene Säume
- leichte und mittelschwere Stoffe

1 Schneiden Sie einen Besatz in der benötigten Breite zu plus 3 cm für Saum und Nahtzugaben. Schlagen Sie am oberen Rand des Besatzes einen Saum von 1,5 cm um. Legen Sie den Besatz rechts auf rechts auf den Hauptstoff, sodass die unversäuberten Kanten aufeinanderliegen. Stecken Sie dann den Besatz auf dem Hauptstoff fest.

2 Stellen Sie auf der Nähmaschine einen mittellangen Geradstich ein. Verwenden Sie Nähgarn, das zum Besatz passt, lassen Sie eine Nahtzugabe von 1,5 cm, und nähen Sie mit der Nähmaschine den Besatz an den Hauptstoff.

3 Schneiden Sie die Nahtzugabe des Hauptstoffs auf etwa die Hälfte ihrer Breite ab. Verwenden Sie dazu die Zickzackschere, falls der Stoff zum Ausfransen neigt.

4 Bügeln Sie die Naht und dann den Besatz flach. Bügeln Sie dabei beide Nahtzugaben zum Besatz.

5 Untersteppen Sie den Besatz, indem Sie mit der Nähmaschine im Abstand von 3 mm von der Naht eine Linie nähen. Nähen Sie dabei durch beide Nahtzugaben und den Besatz.

6 Falten Sie den Besatz auf die linke Seite des Hauptstoffs; falten Sie dabei nur einen winzigen Streifen des Hauptstoffs mit um, um zu gewährleisten, dass nichts vom Besatz auf der rechten Seite zu sehen ist. Bügeln Sie den Falz. Sie können die obere Kante wie die mit Band versäuberte Saumkante zum Abschluss bringen, indem Sie entweder mit Blindstich oder mit der Nähmaschine entlangnähen. Wenn Sie sich für den Blindstich entscheiden, wählen Sie eine zum Hauptstoff passende Farbe. Wenn Sie mit der Maschine nähen, legen Sie den Stoff mit dem Besatz nach oben unter den Nähfuß. Wählen Sie den Oberfaden nach dem Besatz und den Unterfaden nach dem Hauptstoff aus; so erhalten Sie das beste Ergebnis.

Verschlüsse

Reißverschlüsse, Knopflöcher, Bänder und Schlaufen sind Verschlüsse, die Sie in Ihren Nähprojekten einsetzen können. Für ihre Verwendung und Herstellung gibt es Tipps und Tricks, die die Arbeit erleichtern und das Resultat besser aussehen lassen.

Mittiger Reißverschluss

Diese Art von Reißverschluss ist ein typischer Verschluss an Röcken und Hosen. Reißverschlüsse scheinen eine besondere Herausforderung zu sein, doch wenn Sie dieser Anleitung sorgfältig folgen, ist es einfach einen Reißverschluss einzusetzen. Die Technik ist bei allen Reißverschlussarten gleich – egal ob verdeckter, sehr langer oder Metallreißverschluss.

Siehe auch:

- *Stiche*, S. 23
- *Mit der Nähmaschine nähen*, S. 21
- *Mit Stecknadeln fixieren*, S. 24
- *Heften*, S. 25
- *Bügeln*, S. 26/27
- *Gerade Linien nähen*, S. 30
- *Eine Naht anfangen und beenden*, S. 31
- *Versäubern*, S. 32
- *Offener Saum*, S. 34
- *Einen Reißverschluss kürzen*, S. 57

Bestens geeignet für:

- Reißverschluss, der sich oben an einer Naht befindet

1 Markieren Sie mit einer Stecknadel die Stelle an der Naht, an der sich das Ende des Reißverschlusses befinden soll. Nähen Sie die Naht bis zur Stecknadel zu, entfernen Sie diese und nähen Sie ein paar Stiche rückwärts, um das Nahtende zu verriegeln.

2 Markieren Sie am offenen Abschnitt der Naht, wo der Reißverschluss eingesetzt werden soll, die Nahtlinie mit einem Stoffmarker. Heften Sie mit kurzen, festen Heftstichen an der markierten Nahtlinie entlang, und schließen Sie damit den offenen Nahtabschnitt.

3 Pressen Sie die ganze Naht – sowohl den mit der Maschine genähten als auch den gehefteten Abschnitt – mit dem Bügeleisen auseinander. Spätestens jetzt sollten Sie die Ränder der Nahtzugabe mit Zickzack- oder Overlockstich versäubern.

4 Legen Sie den Stoff mit der rechten Seite nach unten auf den Tisch, platzieren Sie die Endklammer des Reißverschlusses knapp unter den Anfang der Heftung auf dem mit der Maschine genähten Abschnitt. Legen Sie die Zähne des Reißverschlusses genau auf die Nahtlinie, und stecken Sie den Reißverschluss an seinem Band mit Stecknadeln fest.

5 Heften Sie den Reißverschluss auf beiden Seiten der Zähne fest. Heften Sie dabei jeweils in der Mitte des Bandes, damit sich der Heftfaden später nicht mit dem Nähfaden verheddert.

6 Wenn Sie den Reißverschluss mit der Nähmaschine festnähen, müssen Sie den Schieber bewegen; bei manchen Reißverschlüssen ist es einfacher, ihn zu ziehen, anstatt nach unten zu schieben. Probieren Sie aus, in welche der beiden Richtungen sich Ihr Schieber leichter verschieben lässt, und wenn es schwieriger ist, ihn nach unten zu schieben, dann schieben Sie ihn schon bevor Sie anfangen zu nähen halb nach unten.

7 Stellen Sie an der Nähmaschine einen mittellangen Geradstich ein. Legen Sie das obere Ende des Reißverschlusses so unter den Nähfuß, dass die Kante des Fußes an den Reißverschlusszähnen liegt, sodass die Nadel so nah wie möglich an den Zähnen entlangnäht. Nähen Sie den Reißverschluss langsam fest bis Sie kurz vor dem Schieber angelangt sind.

8 Unterbrechen Sie den Nähvorgang so, dass die Nadel im Stoff steckt. Heben Sie den Nähfuß an, und bewegen Sie den Schieber an der Nadel vorbei nach oben. Das kann ein wenig schwierig sein, und vielleicht müssen Sie den Stoff ein wenig um die Nadel drehen, was in Ordnung ist, solange die Nadel an Ort und Stelle im Stoff stecken bleibt. Bewegen Sie den Schieber nicht bis ganz nach oben, nur so weit, dass er an der Nadel vorbei ist. Streichen Sie den Stoff wieder glatt, senken Sie den Nähfuß, und nähen Sie weiter, bis Sie unten am Reißverschluss, knapp unter der Endklammer, angelangt sind.

9 Nähen Sie unterhalb der Endklammer quer über das Reißverschlussband. Schneiden Sie die Fäden ab, und verknoten Sie die Enden, um die Naht zu verriegeln.

10 Legen Sie den Nähfuß an der anderen Seite an. Beginnen Sie wieder oben am Reißverschluss, wiederholen Sie die Schritte 7/8, um die andere Seite des Reißverschlussbands anzunähen. Verknoten Sie unten die Fäden, um die Naht zu verriegeln. Wenn Sie auf beiden Seiten des Reißverschlusses von oben nach unten nähen, verzieht sich der Stoff nicht.

11 Verwenden Sie eine scharfe Stickschere und eine Stopfnadel, um die Heftfäden durchzuschneiden und herauszuziehen. Bügeln Sie den Stoff über dem Reißverschluss.

Reißverschlusstrick

Wenn Sie einen Rock oder eine Hose mit Bund und einem mittigen Reißverschluss oder Vorderverschluss nähen wollen, sollten Sie einen Reißverschluss kaufen, der 5 cm länger ist als benötigt. Bereiten Sie die Naht vor und platzieren Sie die Endklammer des Reißverschlusses wie gehabt. Stecken Sie den Reißverschluss so fest, dass das obere Ende und der Schieber über die Stoffkante hinausragen. So können Sie den Reißverschluss schnell und einfach festnähen, ohne dass Sie den Schieber an der Nadel vorbei zu bugsieren brauchen. Entfernen Sie den Heftfaden, öffnen Sie den Reißverschluss, schneiden Sie den oben herausragenden Abschnitt ab, und nähen Sie den Bund über die Zähne oben am Reißverschluss. So einfach und doch raffiniert!

Oben: mittiger Reißverschluss

Reißverschluss in der Naht

Diese Art von Reißverschluss verwendet man direkt in einer Naht, etwa in der Seitennaht eines Kleides oder an der Rückseite eines großen Kissens. Das Prinzip ist ganz ähnlich, wie beim Einsatz eines mittigen Reißverschlusses.

Siehe auch:

- *Stiche*, S. 23
- *Mit der Nähmaschine nähen*, S. 21
- *Mit Stecknadeln fixieren*, S. 24
- *Heften*, S. 25
- *Bügeln*, S. 26/27
- *Gerade Linien nähen*, S. 30
- *Eine Naht anfangen und beenden*, S. 31
- *Versäubern*, S. 32
- *Offene Naht*, S. 34
- *Einen Reißverschluss kürzen*, S. 57
- *Mittiger Reißverschluss*, S. 52/53

Bestens geeignet für:

- Reißverschlüsse, die sich in der Mitte einer Naht öffnen sollen

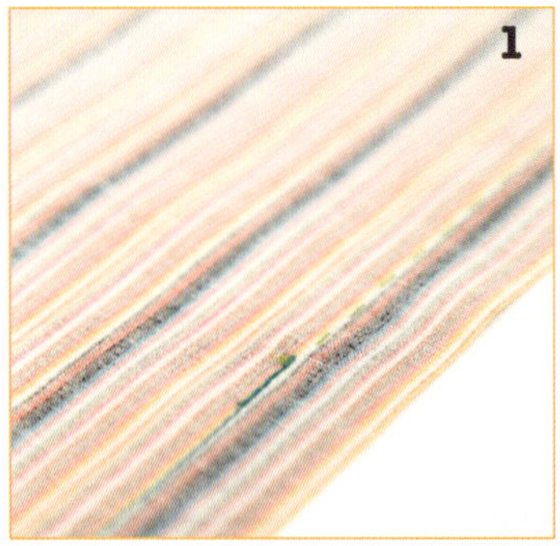

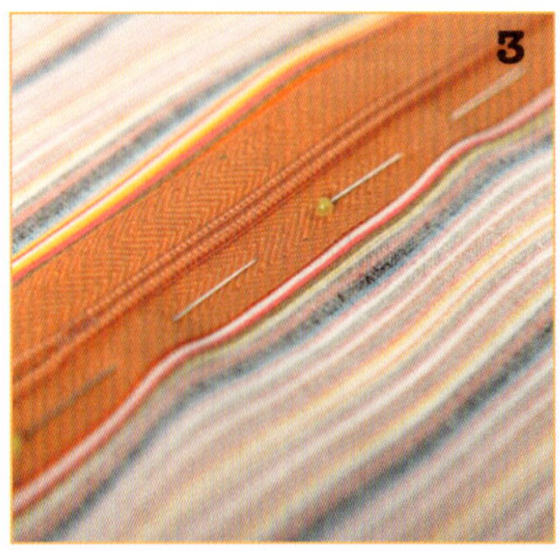

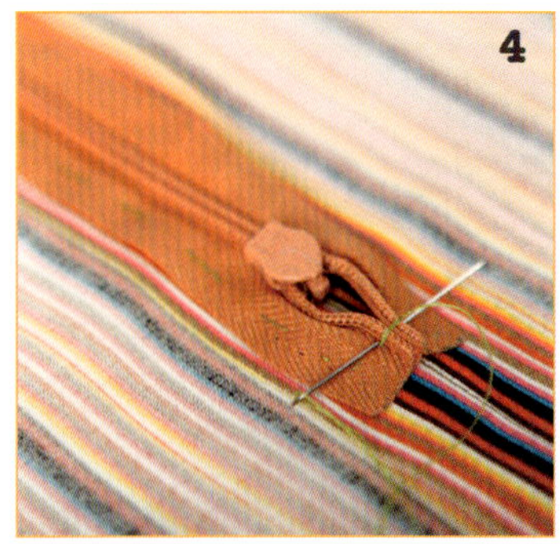

1 Befolgen Sie die Schritte 1/2 des Kapitels *Mittiger Reißverschluss* (S. 52/53), markieren Sie dabei mit einer Stecknadel beide Stellen, an denen der Reißverschluss enden soll, und nähen Sie beide Enden der Naht zu. Heften Sie den offenen Bereich in der Mitte.

2 Pressen Sie die gesamte Naht – die mit der Nähmaschine genähten Abschnitte und den gehefteten Bereich – mit dem Bügeleisen auseinander. Spätestens jetzt sollten Sie die Nahtzugaben durch Zickzack- oder Overlockstich versäubern.

3 Befolgen Sie die Schritte 4–6 des Kapitels *Mittiger Reißverschluss* (S. 52/53), um den Reißverschluss festzustecken und zu heften.

4 Heften Sie oben am Reißverschluss den zahnlosen Abschnitt des Bandes über dem Schieber zusammen.

5 Befolgen Sie die Schritte 7–11 des Kapitels *Mittiger Reißverschluss* (S. 52/53), um den Reißverschluss festzunähen und fertigzustellen. Nähen Sie quer über das geheftete Band oben, dann entlang der einen Seite und quer über das Ende. Nähen Sie dann von oben nach unten die andere Seite.

Links: Reißverschluss in der Naht

Teilbarer Reißverschluss

Diese Art von Reißverschluss ist typisch für eine Jacke: Die beiden Hälften lassen sich unten vollständig trennen. Nylonreißverschlüsse dieser Art sind in nur wenigen Farben erhältlich, Reißverschlüsse mit Metallzähnen sind leichter zu finden.

Siehe auch:

- *Stiche*, S. 23
- *Mit der Nähmaschine nähen*, S. 21
- *Mit Stecknadeln fixieren*, S. 24
- *Heften*, S. 25
- *Bügeln*, S. 26/27
- *Eine Naht anfangen und beenden*, S. 31
- *Versäubern*, S. 32
- *Mittiger Reißverschluss*, S. 52/53

Bestens geeignet für:

- Reißverschlüsse, die sich vollständig öffnen müssen

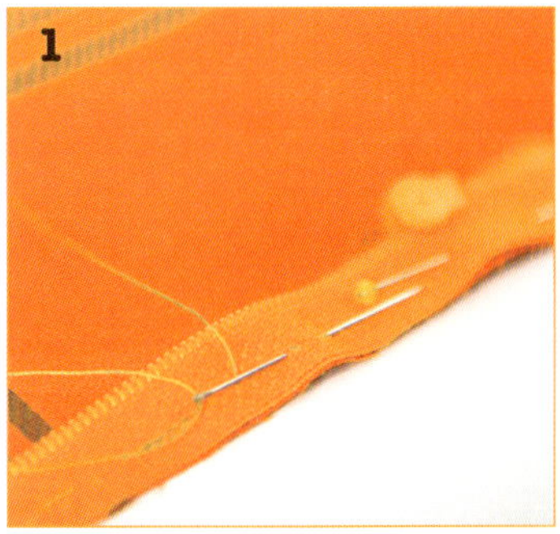

1 Versäubern Sie die Stoffkanten, bevor Sie den Reißverschluss einsetzen. Teilen Sie den Reißverschluss, und legen Sie das Teil mit dem Schieber mit der rechten Seite nach unten auf die rechte Seite des einen Stoffteils. Legen Sie dabei die Kante des Reißverschlussbands an der Stoffkante an. Stecken und heften Sie diese Seite des Reißverschlusses fest.

2 Befolgen Sie die Schritte 7/8 des Kapitels *Mittiger Reißverschluss* (S. 52/53), um den Reißverschluss mit der Nähmaschine festzunähen. Verknoten Sie an beiden Enden hinten die Fäden.

3 Falten Sie das Reißverschlussband so auf die linke Seite des Stoffs, dass auf der rechten Seite nur noch die Zähne sichtbar sind. Bügeln Sie den Falz.

4 Verbinden Sie das freie Teil des Reißverschlusses mit dem angenähten, indem Sie den Reißverschluss schließen.

5 Legen Sie den Reißverschluss mit der rechten Seite nach oben flach auf den Tisch. Legen Sie das andere Stoffteil mit der rechten Seite nach unten darauf. Legen Sie die Stoffkanten auf die Kante des Reißverschlusses, und stecken und heften Sie die beiden Kanten zusammen.

6 Öffnen Sie den Reißverschluss jetzt wieder ganz. Nähen Sie mit der Nähmaschine an der Kante entlang, falten und bügeln Sie die zweite Seite des Reißverschlusses dann ebenso wie die erste. Entfernen Sie alle Heftfäden.

Rechts: teilbarer Reißverschluss. Sie können den Stoff nahe den Reißverschlusszähnen absteppen, damit das Reißverschlussband flach bleibt. Die linke Seite dieses Beispiels wurde gesteppt.

Verdeckter Reißverschluss

Wie der mittige Reißverschluss wird diese Reißverschlussart für Röcke und Hosen verwendet, aber er sieht professioneller aus, weil eine Stofflasche den Reißverschluss vollkommen verdeckt. Es gibt einige komplizierte Methoden, einen Reißverschluss auf diese Art einzusetzen, aber die hier gezeigte ist ganz einfach. Vielleicht bevorzugen Sie diesen – genau wie ich – gegenüber einem mittigen Reißverschluss, weil er besser aussieht und leicht einzusetzen ist. In diesem Beispiel befindet sich die Überlappung auf der rechten Seite, daher würde sich der Reißverschluss auf der linken Körperseite befinden.

Siehe auch:

- *Stiche*, S. 23
- *Mit der Nähmaschine nähen*, S. 21
- *Mit Stecknadeln fixieren*, S. 24
- *Heften*, S. 25
- *Bügeln*, S. 26/27
- *Gerade Linien nähen*, S. 30
- *Eine Naht anfangen und beenden*, S. 31
- *Versäubern*, S. 32
- *Offene Naht*, S. 34
- *Mittiger Reißverschluss*, S. 52/53

Bestens geeignet für:

- Reißverschlüsse, die sich oben an einer Naht öffnen sollen

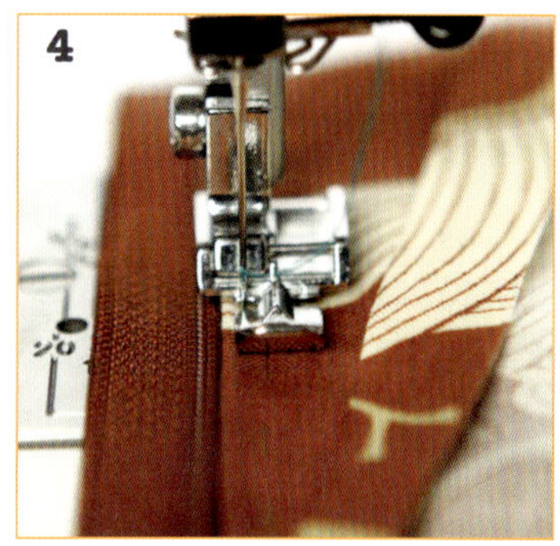

1 Befolgen Sie Schritt 1 des Kapitels *Mittiger Reißverschluss* (S. 52/53), um die Naht unterhalb des Reißverschlusses zu nähen. Benutzen Sie eine Nahtlehre, um exakt zu messen, bügeln Sie die 1,5 cm breiten Nahtzugaben des offenen Abschnitts der Naht auf die linke Seite des Stoffs. Versäubern Sie die Nahtzugaben durch Zickzack- oder Overlockstich.

2 Legen Sie den Stoff mit der rechten Seite nach oben so auf den Tisch, dass das offene Ende der Naht zu Ihnen zeigt. Klappen Sie die linke Nahtzugabe auf, und bügeln Sie 1 cm davon auf die linke Seite. Auf der rechten Seite sind jetzt die ursprüngliche gebügelte Linie und weitere 5 mm Stoff zu sehen.

Rechts: überlappter Reißverschluss

3 Legen Sie die eine Seite des Reißverschlusses unter die Kante des linken Stoffteils, positionieren Sie das Ganze so, dass die gefaltete Kante an den Reißverschlusszähnen liegt. Stecken und heften Sie den Reißverschluss fest. Heften Sie dabei entlang der Linie, die Sie in Schritt 1 gebügelt haben, der Kante der ursprünglichen Nahtzugabe.

4 Stellen Sie an der Nähmaschine einen mittellangen Geradstich ein und bringen Sie den Reißverschlussnähfuß an. Platzieren Sie das obere Ende des Reißverschlusses mit der rechten Seite nach oben unter dem Nähfuß, sodass die Kante des Nähfußes an den Reißverschlusszähnen liegt, damit die Nadel so nah wie möglich an den Zähnen zu nähen beginnt. Schlagen Sie das rechte Stoffteil zu der Seite um, auf der Sie nähen. Nähen Sie

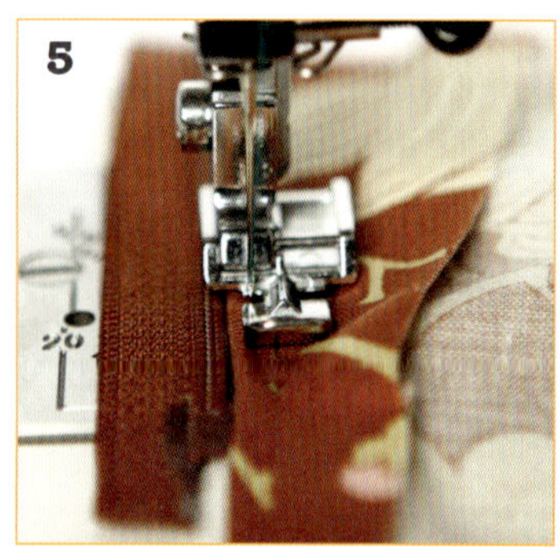

die geheftete Seite des Reißverschlusses mit der Nähmaschine fest.

5 Achten Sie darauf, dass das rechte Stoffstück vollkommen aus dem Weg ist, wenn Sie sich dem unteren Ende des Reißverschlusses nähern, damit Sie das Reißverschlussband bis ganz zum Ende des Reißverschlusses an der Nahtzugabe festnähen können.

6 Legen Sie das rechte Stoffteil mit der rechten Stoffseite nach oben über den Reißverschluss, sodass die gefaltete Kante an der in Schritt 1 gebügelten Kante des linken Stoffteils liegt. Stecken Sie die Stofflasche fest.

7 Drehen Sie nun den Stoff um. Heften Sie auf der linken Stoffseite das freie Teil des Reißverschlussbands am Stoff fest. Heften Sie in einer geraden Linie, denn an ihr werden Sie sich orientieren, wenn Sie diese Seite des Reißverschlusses mit der Maschine festnähen.

8 Drehen Sie den Stoff auf die rechte Seite, platzieren Sie ihn so unter dem Nähfuß, dass die Nadel entlang der in Schritt 7 gehefteten Linie näht. Dies ist eine der wenigen Gelegenheiten, bei denen Sie direkt über den Heftfaden nähen, den Sie später herausziehen müssen. Nähen Sie den Reißverschluss von oben nach unten an.

9 Lassen Sie die Nadel im Stoff stecken, heben Sie den Nähfuß an und drehen Sie den Stoff um 90° um die Nadel. Nähen Sie quer über das untere Ende der Stofflasche. Verknoten Sie hinten die Fäden, um die Naht zu verriegeln. Entfernen Sie alle Heftfäden.

Einen Reißverschluss kürzen

Manchmal bekommen Sie keinen Reißverschluss in der gewünschten Länge, aber für mittige Reißverschlüsse, Reißverschlüsse in der Naht und Vorderverschlüsse ist es einfach, einen Reißverschluss, der länger ist als benötigt, zu kürzen. Diese Technik funktioniert bei Reißverschlüssen mit Nylonzähnen. Bei Metallreißverschlüssen befolgen Sie Schritt 1 und verwenden dann eine Zange, um 1 cm unterhalb der Stiche ein paar Reißverschlusszähne zu entfernen, damit Sie das Band zerschneiden können, ohne Ihre Schere zu beschädigen.

Siehe auch:

- *Mittiger Reißverschluss*, S. 52/53
- *Reißverschluss in der Naht*, S. 54
- *Überlappter Reißverschluss*, S. 56/57

Bestens geeignet für:

- mittige Reißverschlüsse, Reißverschlüsse in der Naht und überlappte Reißverschlüsse

1 Fädeln Sie einen Nähfaden in einer zum Reißverschluss passenden Farbe doppelt in eine Handnähnadel (hier wurde nur zur Verdeutlichung eine Kontrastfarbe verwendet). Nähen Sie an der erforderlichen Länge fünf- oder sechsmal fest über die Reißverschlusszähne. Vernähen Sie den Faden mit ein paar Rückstichen auf dem Reißverschlussband.

2 Schneiden Sie den Reißverschluss etwa 1 cm unter den Stichen mit der Zickzackschere ab.

Automatisches Knopfloch

Diese Funktion haben nicht alle Nähmaschinen, aber ich empfehle sie. Mit ihr lassen sich schnell und einfach professionell aussehende Knopflöcher herstellen. Bei jeder Nähmaschine funktioniert dies ein wenig anders, deshalb sollten Sie Ihre Betriebsanleitung lesen, bevor Sie es ausprobieren.

Siehe auch:
- *Der Kauf der ersten Nähmaschine*, S. 13
- *Stiche*, S. 23
- *Mit der Nähmaschine nähen*, S. 21
- *Bügeln*, S. 26–27

Bestens geeignet für:
- Knopflöcher in Stoff

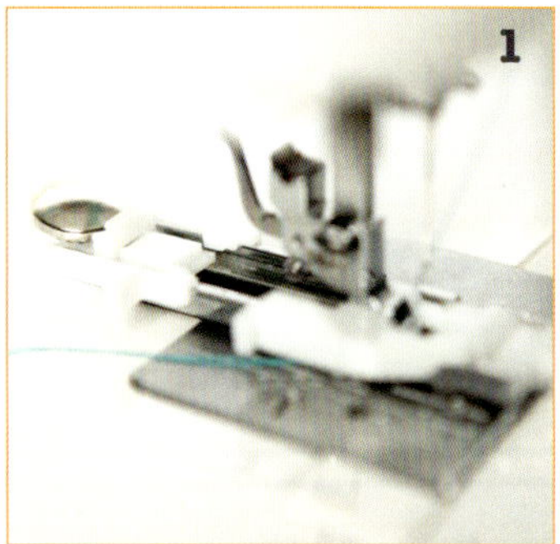

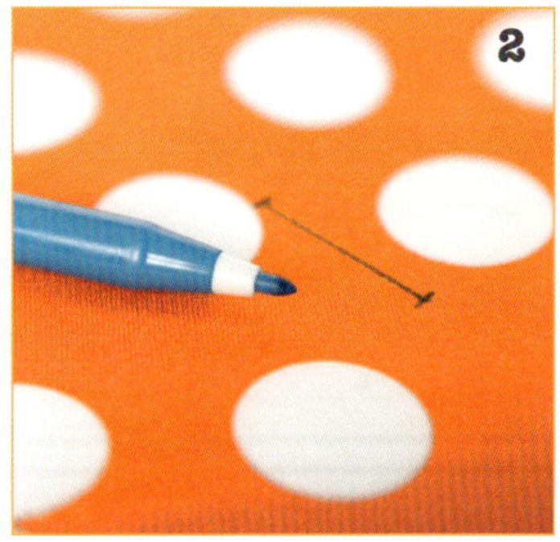

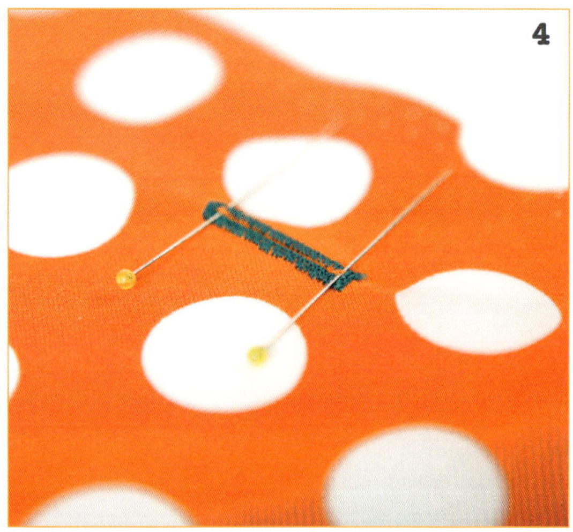

1 Legen Sie den Knopf, den Sie verwenden wollen, in den Knopflochfuß. So wird Ihre Nähmaschine automatisch ein Knopfloch in der richtigen Größe herstellen.

2 Markieren Sie die Position des Knopflochs auf dem Stoff.

3 Positionieren Sie den Stoff so unter dem Nähfuß, dass die Nadel an dem Ende des Knopflochs anfängt zu nähen, das Ihnen zugewandt ist. Stellen Sie die Knopflochfunktion an Ihrer Nähmaschine ein. Drücken Sie vorsichtig auf das Pedal, damit die Maschine das Knopfloch näht. Sie müssen dabei den Stoff ein wenig führen, vor allem wenn die Knopflöcher in der Nähe von Nähten sein sollen; Beulen oder Falten im Stoff können das Knopfloch aus der Bahn werfen. Wenn das Knopfloch fertig ist, ziehen Sie die Fäden auf die Stoffrückseite, und schneiden Sie sie ab.

4 Bügeln Sie das Genähte. Stecken Sie dann in jedes Ende des Knopflochs, knapp innerhalb der Endverriegelungen, eine Stecknadel. Diese werden dafür sorgen, dass Sie nicht aus Versehen in das Genähte schneiden.

5 Schneiden Sie nun mit einer kleinen, spitzen Schere ganz vorsichtig das Knopfloch auf. Schieben Sie hierfür die eine Spitze der Schere in der Mitte des Knopflochs in den Stoff, und schneiden Sie zur einen Seite. Drehen Sie die Schere dann um, und schneiden Sie zum anderen Ende.

Manuell hergestelltes Knopfloch

Wenn Ihre Nähmaschine nicht über eine automatische Knopflochfunktion verfügt, können Sie Knopflöcher auch manuell herstellen. Das sollten Sie allerdings zuerst üben, denn es ist schwierig, das richtig hinzukriegen. An manchen Nähmaschinen ist der Zickzackstich beim Rückwärtsnähen weniger fest als beim Vorwärtsnähen, deshalb werden die beiden Seiten des Knopflochs nicht perfekt zusammenpassen.

Siehe auch:

- *Stiche*, S. 23
- *Mit der Nähmaschine nähen*, S. 21
- *Bügeln*, S. 26–27
- *Automatisches Knopfloch*, S. 58

Bestens geeignet für:

- Knopflöcher in Stoff

1

2

3

4

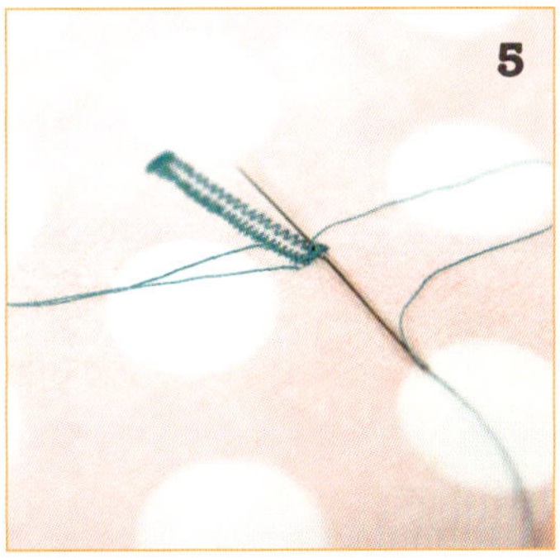
5

1 Markieren Sie die Position des Knopflochs auf dem Stoff. Stellen Sie auf der Nähmaschine einen breiten Zickzackstich mit Stichlänge Null ein. Platzieren Sie den Stoff so unter den Nähfuß, dass die Nadeln, an dem Ende des Knopflochs zu nähen beginnt, das zu Ihnen zeigt. Machen Sie vier oder fünf Stiche, enden Sie mit der Nadel auf der linken Seite, wobei sie aber nicht im Stoff stecken soll.

2 Stellen Sie die Nähmaschine auf einen sehr schmalen, engen Zickzackstich ein. Drücken Sie die Rückwärtsnähtaste, und nähen Sie langsam entlang der markierten Linie rückwärts. Der rechte Rand der Nählinie sollte die Linie gerade so bedecken. Enden Sie mit der Nadel auf der linken Seite, wobei sie aber nicht im Stoff stecken soll.

3 Stellen Sie auf der Nähmaschine wieder einen breiten Zickzackstich mit Stichlänge Null ein. Machen Sie vier oder fünf Stiche; enden Sie mit der Nadel auf der rechten Seite, wobei sie aber nicht im Stoff stecken soll.

4 Stellen Sie die Nähmaschine wieder auf einen sehr schmalen, engen Zickzackstich ein. Nähen Sie vorwärts, bis Sie zu dem Riegel gelangen, den Sie in Schritt 1 genäht haben. Der linke Rand der Stiche sollte sehr nah an den Stichen aus Schritt 2 sein.

5 Ziehen Sie alle Fäden nach hinten. Fädeln Sie sie auf eine Handnähnadel, und vernähen Sie sie mit ein paar Stichen auf den Knopflochstichen. Befolgen Sie die Schritte 4–5 des Kapitels *Automatisches Knopfloch* (S. 58), um das Knopfloch aufzuschneiden.

Rechts: zwei automatische Knopflöcher (oben), eines mit Knopf und zwei manuelle Knopflöcher (darunter), eines davon mit Knopf

Knopfloch in der Naht

Dies ist im Grunde eine Lücke in der Naht, durch die ein Knopf geschoben werden kann; es ist eine Knopflochart, die lächerlich einfach herzustellen ist. Die dünnen Stoffstücke, die untergelegt werden, müssen dieselben Wascheigenschaften besitzen wie der Hauptstoff.

Siehe auch:

- *Stiche*, S. 23
- *Mit der Nähmaschine nähen*, S. 21
- *Mit Stecknadeln fixieren*, S. 24
- *Bügeln*, S. 26/27
- *Gerade Linien nähen*, S. 30
- *Eine Naht anfangen und beenden*, S. 31
- *Versäubern*, S. 32
- *Offene Naht*, S. 34

Bestens geeignet für:

- in Nähte integrierte Knopflöcher

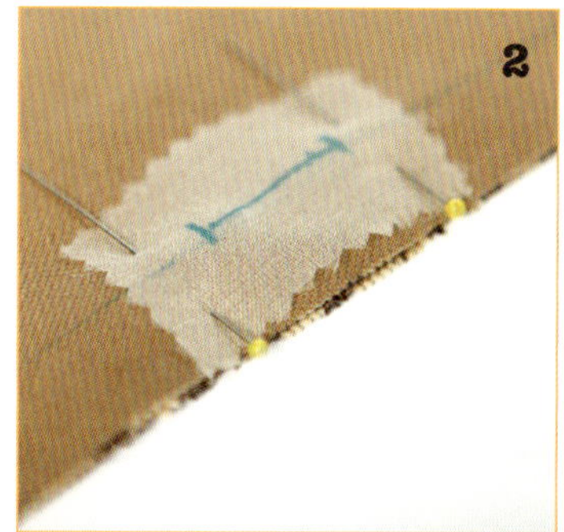

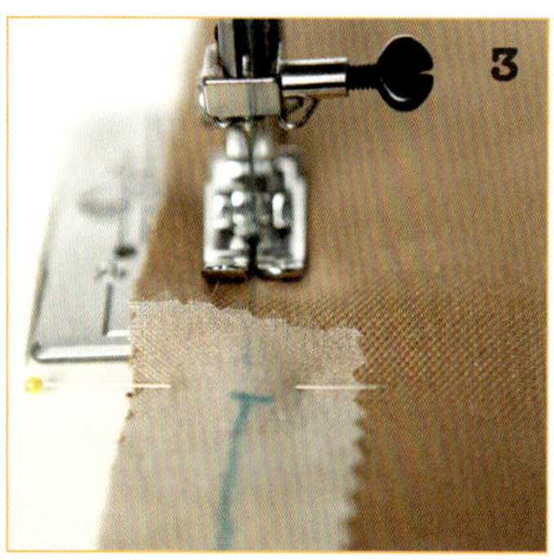

Oben: zwei in die Naht integrierte Knopflöcher, eines davon mit Knopf

1 Schneiden Sie mit der Zickzackschere zwei Rechtecke aus sehr dünnem Stoff aus (ich habe Organza verwendet – Organdy oder Baumwollbatist gehen aber auch). Sie sollten 3 cm breit und so lang sein, wie das Knopfloch werden soll, plus 2 cm: mit diesen wird das Knopfloch unterlegt. Zeichnen Sie die Länge des Knopflochs in der Mitte einer dieser Stoffrechtecke ein. Markieren Sie auf dem Hauptstoff den Bereich der Naht, auf dem das Knopfloch entstehen soll.

2 Legen Sie das markierte Stoffrechteck an der Stelle auf die Nahtlinie, wo das Knopfloch sein soll. Legen Sie das andere Rechteck so auf die andere Seite der Nahtlinie, dass ihre Ränder möglichst aufeinanderliegen (sie müssen nicht perfekt übereinstimmen). Stecken Sie die Rechtecke fest, stecken Sie die Stecknadeln dabei so in den Stoff, als wollten Sie über sie hinweg nähen (was Sie nicht tun werden).

3 Stellen Sie an der Nähmaschine einen mittleren Geradstich ein, und nähen Sie die Naht bis zur ersten Stecknadel zu. Nähen Sie ein paar Stiche rückwärts, um die Naht zu verriegeln. Drehen Sie den Stoff, und nähen Sie den Rest der Naht vom anderen Ende her bis zur Stecknadel zu. Nähen Sie auch hier ein paar Stiche rückwärts.

4 Bügeln Sie die Naht auseinander, und versäubern Sie die Kanten der Nahtzugaben.

Bänder

Diese Technik kann benutzt werden, um Riemen beliebiger Breite und Länge herzustellen, die als Henkel für Taschen, als Gürtel, Kleiderträger und Vorhangschlaufen sowie als Bänder dienen können.

Siehe auch:

- *Stiche*, S. 23
- *Mit der Nähmaschine nähen*, S. 21
- *Mit Stecknadeln fixieren*, S. 24
- *Bügeln*, S. 26/27
- *Gerade Linien nähen*, S. 30
- *Eine Naht anfangen und beenden*, S. 31
- *Nach außen gerichtete rechtwinklige Ecke*, S. 67

Bestens geeignet für:

- Riemen jeglicher Breite und Länge

1

2

3

4

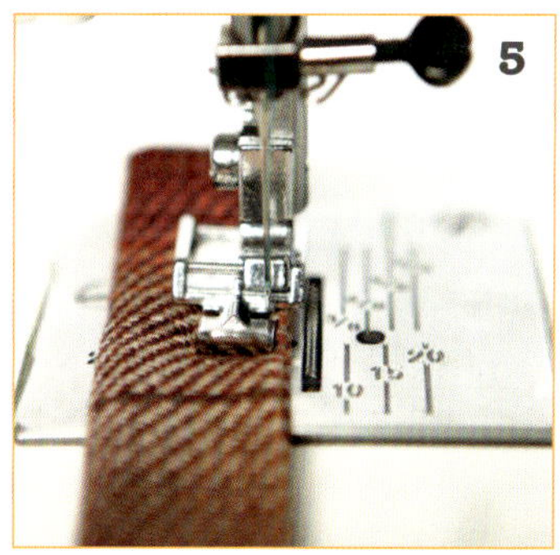

5

1 Schneiden Sie entlang dem Fadenlauf einen Streifen Stoff zu; seine Breite soll das Vierfache der gewünschten Bandbreite betragen. Er soll so lang sein, wie das Band am Ende sein soll, plus 2 cm. Bügeln Sie an den kurzen Enden jeweils 1 cm um. Schneiden Sie mit einer kleinen, spitzen Schere die Ecken des umgefalteten Bereichs wie auf der Abbildung gezeigt ab.

2 Falten Sie das Band der Länge nach links auf links zusammen, und bügeln Sie den Falz.

3 Klappen Sie das Band wieder auf. Falten Sie eine der unversäuberten Kanten zur Mitte, und bügeln Sie den Falz an der Längsseite des Bandes.

4 Falten und bügeln Sie die andere unversäuberte Kante. Falten Sie das ganze Band entlang der in Schritt 2 gebügelten Falzlinie, und bügeln Sie es gründlich.

5 Stellen Sie an der Nähmaschine einen mittellangen Geradstich ein, und bringen Sie den Reißverschlussfuß an. Legen Sie den Stoff an einem Ende des Bandes so unter den Nähfuß, dass die Kante des Nähfußes an der offenen Kante des Bandes liegt, damit die Nadel nah an der Kante anfängt zu nähen. Sie können die Position überprüfen, indem Sie mithilfe des Handrads die Nadel senken, bis sie beinahe den Stoff berührt. Steppen Sie an der Kante entlang, verriegeln Sie die Naht, indem Sie auf beiden Seiten ein paar Stiche rückwärtsnähen. Sie brauchen nicht über die Enden des Bandes zu nähen, wenn diese in eine Naht eingenäht werden sollen. Wenn die Enden sichtbar bleiben, beginnen Sie am gefalteten Ende der kurzen Seite, nähen Sie bis kurz vor dem offenen Ende, lassen Sie die Nadel im Stoff stecken, und drehen Sie das Band, bevor Sie die lange offene Kante nähen. Wiederholen Sie diesen Vorgang, um das andere kurze Ende des Bandes abzusteppen.

Rechts: ein Band

Knopfschlaufen

Diese hübschen Verschlüsse werden häufig an Hochzeits- und Abendkleidern verwendet, aber sie sehen an allen Projekten, die einen femininen Touch benötigen, gut aus. Jede Schlaufe muss so lang sein, dass der Knopf gut durchpasst, plus 3 cm, deshalb sollten Sie ein wenig herumprobieren, bevor Sie die Längen der Schlaufen zuschneiden. Die Schlaufen werden in die Naht zwischen dem Hauptstoff und einem Besatz eingenäht. Meist ist es am besten, wenn man zusätzlich eine Bügeleinlage verwendet, um den Besatz zu versteifen.

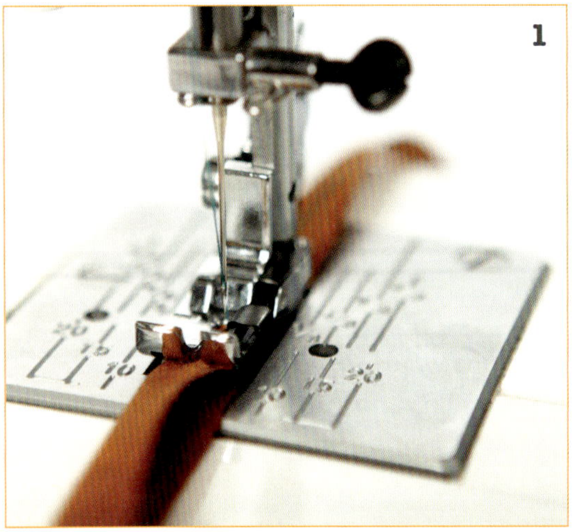

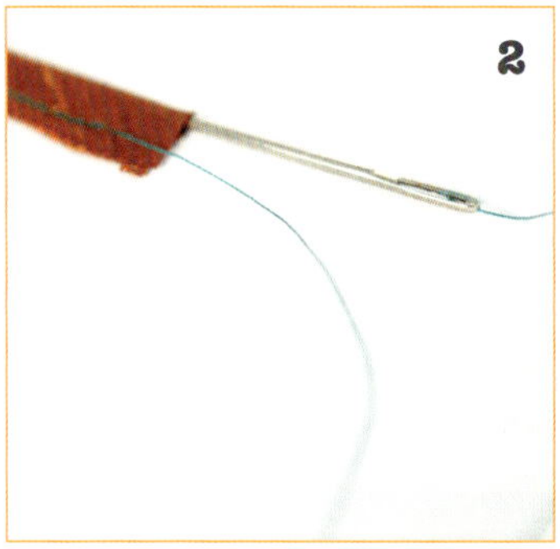

Siehe auch:

- *Stiche*, S. 23
- *Mit der Nähmaschine nähen*, S. 21
- *Mit Stecknadeln fixieren*, S. 24
- *Heften*, S. 25
- *Bügeln*, S. 26/27
- *Gerade Linien nähen*, S. 30
- *Eine Naht anfangen und beenden*, S. 31
- *Versäubern*, S. 32
- *Offener Saum*, S. 34
- *Schrägband herstellen und damit einfassen*, S. 74/75

Bestens geeignet für:

- feine Verschlüsse
- leichte und mittelschwere Stoffe

1 Schneiden Sie ein 2 cm breites Stück Schrägbandstoff zu, das lang genug ist, um die benötigte Anzahl von Knopfschlaufen herzustellen. Falten Sie es der Länge nach rechts auf rechts zusammen. Stellen Sie auf der Nähmaschine einen mittellangen Geradstich ein, und bringen Sie einen 5-mm-Patchworkfuß an. Legen Sie das eine Ende des Stoffstreifens so unter den Nähfuß, dass dessen Kante an der offenen Kante des Streifens liegt, und nähen Sie die Naht. Schneiden Sie die Fäden ab, lassen Sie jedoch deren Enden 15 cm lang.

2 Fädeln Sie eines der Fadenenden auf eine stumpfe Sticknadel. Führen Sie die Nadel durch den Stoffschlauch, bis sie am anderen Ende wieder erscheint.

3 Ziehen Sie den Faden durch, schieben Sie das Stoffende, an dem er befestigt ist, nach innen, bis es am anderen Ende des Schlauches wieder herauskommt. Ziehen Sie vorsichtig weiter (Sie wollen bestimmt nicht, dass der Faden reißt), bis Sie den ganzen Schlauch auf rechts gewendet haben.

4 Schneiden Sie vom Schlauch Stücke in der benötigten Länge ab. Falten Sie sie in der Mitte, und pressen Sie sie mit dem Bügeleisen flach, damit die gefalteten Enden wie auf der Abbildung aussehen.

5 Stecken Sie jede Knopfschlaufe auf der rechten Seite des Stoffs an der gewünschten Stelle fest, sodass die Enden der Schlaufe auf der unversäuberten Kante des Stoffs liegen. Heften Sie die Knopfschlaufen fest.

6 Bringen Sie einen Geradstichfuß an. Legen Sie den Stoff so unter die Nadel, dass die Nähfußkante an der unversäuberten Stoffkante anliegt, und nähen Sie mit der Nähmaschine über die Enden jeder Schlaufe. Achten Sie darauf, dass die Schlaufen dabei weiterhin im rechten Winkel zu den unversäuberten Kanten des Stoffs bleiben.

7 Legen Sie den Besatz rechts auf rechts auf den Hauptstoff, sodass die unversäuberten Kanten aufeinanderliegen. Stecken Sie die Lagen zusammen und heften Sie sie, falls notwendig.

8 Nähen Sie mit der Nähmaschine den Besatz mit einer Nahtzugabe von 1,5 cm auf den Hauptstoff. Entfernen Sie alle Heftfäden.

9 Bügeln Sie beide Nahtzugaben zum Besatz hin.

10 Legen Sie den Stoff so unter die Nadel, dass der Nähfuß auf der Nahtzugabe und seine Kante an der Nahtlinie liegt. Untersteppen Sie den Besatz, indem Sie die Nahtzugaben daran festnähen.

11 Falten Sie Stoff und Besatz entlang der Naht links auf links zusammen, sodass die Schlaufen herausragen. Bügeln Sie die gefaltete Naht.

Schrägbandstreifen nähen

Wenn Sie keinen 5-mm-Patchworkfuß besitzen, schneiden Sie den Streifen ein wenig breiter zu, und nähen Sie ihn mit einem normalen Geradstichfuß zusammen. Wichtig ist, dass die Naht mehr oder weniger in der Mitte des gefalteten Streifens verlaufen sollte.

Rechts: Knopfschlaufen, zwei mit Knöpfen, zwei ohne

20

Um die Ecke nähen

Um die Ecke oder sanfte Kurven nähen sind nützliche Fertigkeiten für alle Arten von Projekten, ob man nun Hemden nähen möchte oder Bettlaken. Wenn sie gut gemacht sind, verleihen diese Techniken Ihren Werken einen professionellen letzten Schliff – und sie sind nicht besonders schwer zu meistern.

Nach innen gerichtete rechtwinklige Ecke

Am häufigsten sieht man diese Ecke an viereckigen Halsausschnitten, mit einem Besatz, der am Hauptstoff festgenäht ist. Die Ecke muss wirklich flach und glatt sein, damit der Ausschnitt schön liegt. Das gleiche Prinzip kann angewandt werden, wenn man Ecken mit kleinerem oder größerem Winkel nähen will.

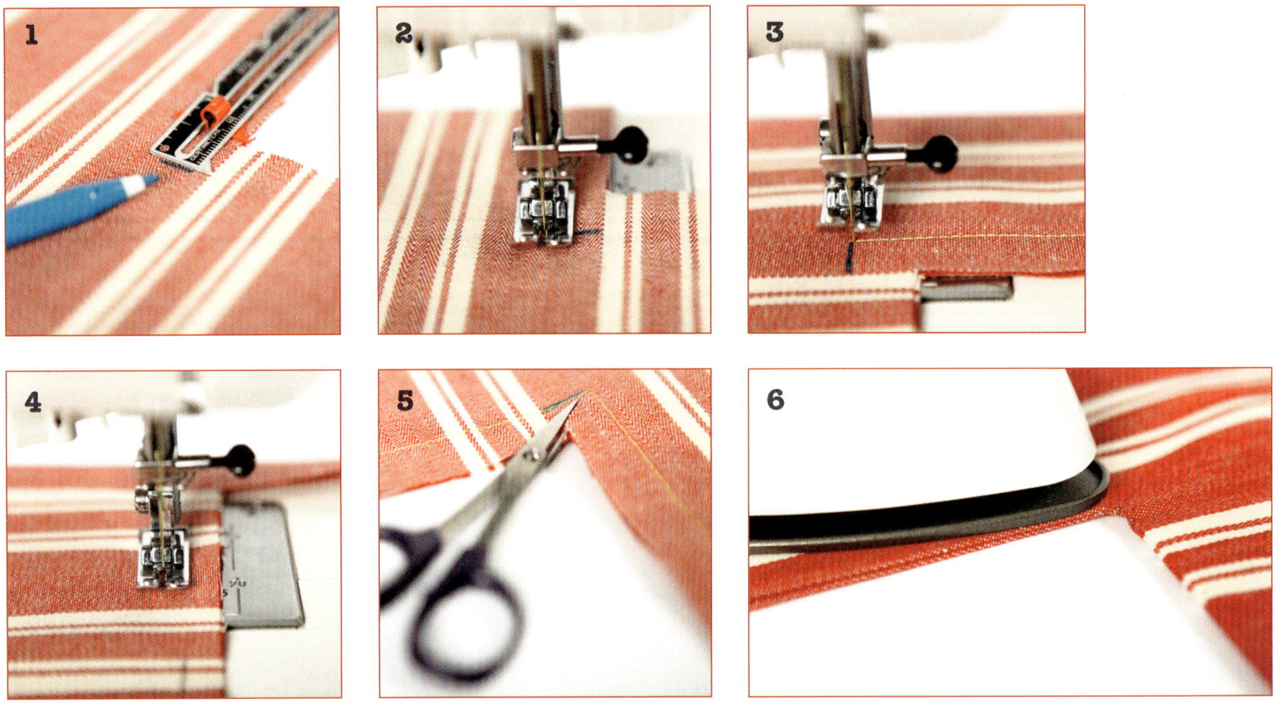

Siehe auch:

- *Stiche*, S. 23
- *Mit der Nähmaschine nähen*, S. 21
- *Mit Stecknadeln fixieren*, S. 24
- *Bügeln*, S. 26/27
- *Gerade Linien nähen*, S. 30
- *Eine Naht anfangen und beenden*, S. 31

Bestens geeignet für:

- leichte und mittelschwere Stoffe

1 Markieren Sie auf der ersten Seite, die Sie nähen wollen, das Ende der Naht 1,5 cm unter der Ecke. Stecken Sie die Stofflagen zusammen.

2 Stellen Sie auf der Nähmaschine einen mittellangen Geradstich ein. Nähen Sie die erste Seite der Ecke, halten Sie an der markierten Linie an, und lassen Sie dort die Nadel im Stoff stecken.

3 Heben Sie den Nähfuß an und drehen Sie den Stoff um die Nadel, bis er in der richtigen Position ist, um die zweite Seite zu nähen.

4 Nähen Sie mit der Nähmaschine die zweite Seite der Ecke.

5 Schneiden Sie vorsichtig in die Ecke der Nahtzugaben. Verwenden Sie hierfür die Spitzen einer kleinen Schere und schneiden Sie, bis Sie noch etwa 3 mm von der Naht entfernt sind.

6 Wenden Sie die Ecke auf rechts. Zupfen Sie sie vorsichtig in Form, und bügeln Sie sie gründlich.

Links: nach innen gerichtete rechtwinklige Ecke

Nach außen gerichtete rechtwinklige Ecke

Diese Technik kommt bei den Ecken von Kissen und Taschen zum Einsatz. Auch hier kann dieses Prinzip auch auf kleinere oder größere Winkel angewendet werden. Spitzen müssen jedoch anders behandelt werden (s. S. 70).

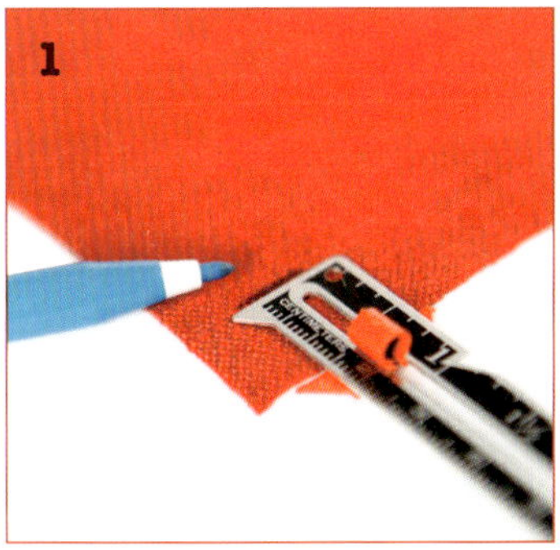

Siehe auch:

- *Stiche*, S. 23
- *Mit der Nähmaschine nähen*, S. 21
- *Mit Stecknadeln fixieren*, S. 24
- *Bügeln*, S. 26/27
- *Gerade Linien nähen*, S. 30
- *Eine Naht anfangen und beenden*, S. 31
- *Nach innen gerichtete rechtwinklige Ecke*, S. 66

Bestens geeignet für:

- leichte und mittelschwere Stoffe

Ecken auf rechts wenden

Wenn Sie den Stoff auf rechts wenden, sollten Sie der Versuchung widerstehen, eine Stricknadel zu verwenden, um die Ecke herauszudrücken. Es passiert so leicht, dass man die Nadel durch den Stoff stößt oder die Ecke so verzerrt, dass sie nicht mehr gerettet werden kann. Verwenden Sie stattdessen das Ende eines Lineals, das idealerweise aus Holz oder aus Plastik besteht.

1 Markieren Sie auf der ersten Seite, die Sie nähen, das Ende der Naht 1,5 cm von der Kante entfernt. Stecken Sie die Stofflagen zusammen.

2 Stellen Sie an der Maschine einen mittellangen Geradstich ein. Nähen Sie die erste Naht, heben Sie dann den Nähfuß an, und drehen Sie den Stoff wie in Schritt 3 des Kapitels *Nach innen gerichtete rechtwinklige Ecke* (S. 66). Nähen Sie die zweite Seite der Ecke.

3 Schneiden Sie auf einer Seite der Ecke die Nahtzugaben ab. Fangen Sie damit etwa 5 cm von der Ecke entfernt an, und schneiden Sie schräg, bis Sie noch etwa 3 mm von der Naht entfernt sind.

4 Schneiden Sie die Nahtzugabe auf der anderen Seite der Ecke auf die gleiche Weise zu. Wenden Sie die Ecke auf rechts. Ziehen Sie sie in Form und bügeln Sie sie gründlich.

Rechts: nach außen gerichtete rechtwinklige Ecke

Kurve nach innen

Gebogene Nähte kommen in vielen Projekten vor, deshalb lohnt es sich zu lernen, wie man die unterschiedlichen Kurven behandelt, damit sie so gut wie möglich aussehen. Bei nach innen gewandten Kurven muss man die Nahtzugaben so einschneiden, dass sie flach in der Kurve liegen.

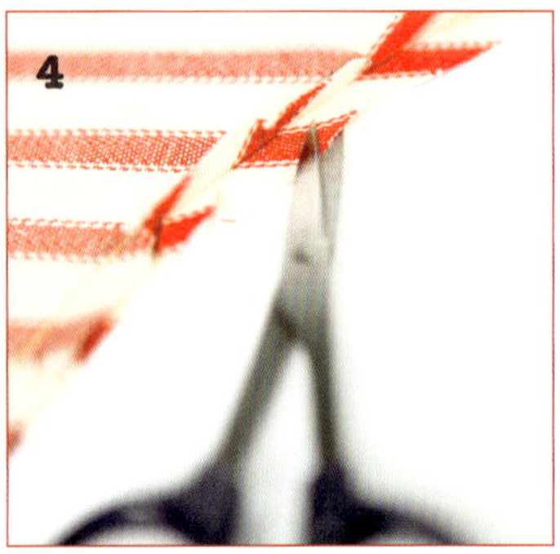

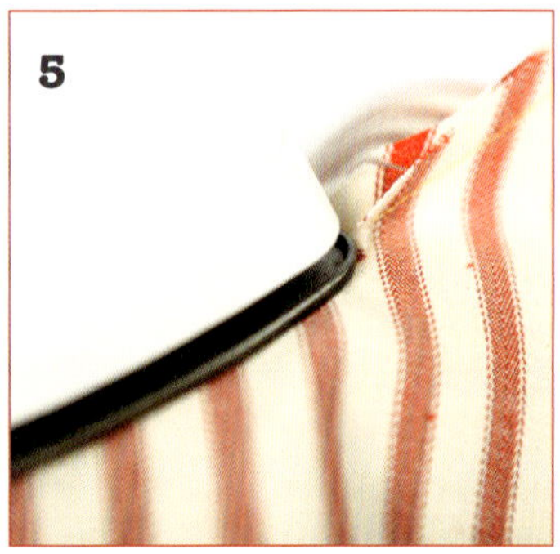

Siehe auch:

- *Stiche*, S. 23
- *Mit der Nähmaschine nähen*, S. 21
- *Mit Stecknadeln fixieren*, S. 24
- *Bügeln*, S. 26/27
- *Gerade Linien nähen*, S. 30
- *Eine Naht anfangen und beenden*, S. 31
- *Offene Naht*, S. 34

Bestens geeignet für:

- alle Stoffe

1 Stecken Sie die Stofflagen zusammen. Stellen Sie an der Nähmaschine einen mittellangen Geradstich ein, und nähen Sie die Naht mit 1,5 cm Nahtzugabe.

2 Schneiden Sie die Nahtzugaben auf die Hälfte ihrer ursprünglichen Breite ab.

3 Schneiden Sie schräg in eine der Nahtzugaben ein, sodass die Schnitte noch etwa 3 mm von der Naht entfernt sind. Schneiden Sie gleichmäßig, im Abstand von etwa 2 cm, entlang der gesamten Kurve die Nahtzugabe ein.

4 Schneiden Sie auf dieselbe Weise in die andere Nahtzugabe. Schneiden Sie im selben Winken und im selben Abstand, aber versetzt, sodass sich die Schnitte zwischen denen in der ersten Nahtzugabe befinden.

5 Legen Sie die Naht über ein Bügelkissen, und pressen Sie die Nahtzugaben mit dem Bügeleisen auseinander. Wenden Sie den Stoff dann entlang der Naht auf rechts, und bügeln Sie die Naht flach.

Links: Kurve nach innen

Kurve nach außen

Bei dieser Kurve müssen die Nahtzugaben zusammengedrückt werden; dafür müssen kleine Kerben hineingeschnitten werden, damit der Stoff keine Falten wirft.

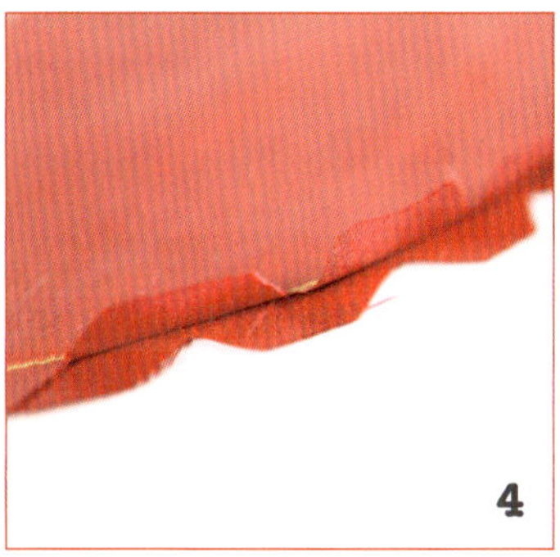

1 Befolgen Sie die Schritte 1/2 des Kapitels *Kurve nach innen* (S. 68), um die Naht herzustellen und die Nahtzugaben abzuschneiden.

2 Schneiden Sie schräg in die Nahtzugabe, bis sie noch etwa 3 mm von der Naht entfernt sind.

Enge Kurven

Bei einer engen Kurve gelingt es Ihnen vielleicht nicht, den Stoff unter dem Nähfuß genug zu drehen. Heben Sie deshalb, wenn die Nadel im Stoff steckt, den Nähfuß in regelmäßigen Intervallen an und drehen Sie den Stoff ein wenig, ähnlich wie bei einer rechtwinkligen Ecke.

3 Schneiden Sie aus der anderen Richtung bis zur Spitze des ersten Schnitts, sodass Sie ein kleines Dreieck aus dem Stoff herausschneiden. Schneiden Sie auf diese Weise im Abstand von etwa 2 cm Kerben in die Kurve.

4 Schneiden Sie auf dieselbe Weise in die andere Nahtzugabe, versetzen Sie dabei aber die Kerben, sodass sie sich zwischen denen der ersten Nahtzugabe befinden.

5 Wenden Sie den Stoff auf rechts, ziehen Sie die Naht mit den Fingern zurecht, sodass die Naht auf der Kante der Kurve liegt. Pressen Sie dann die Naht mit dem Bügeleisen flach.

Rechts: Kurve nach außen

Siehe auch:

- *Stiche*, S. 23
- *Mit der Nähmaschine nähen*, S. 21
- *Mit Stecknadeln fixieren*, S. 24
- *Bügeln*, S. 26/27
- *Gerade Linien nähen*, S. 30
- *Eine Naht anfangen und beenden*, S. 31
- *Offene Naht*, S. 34
- *Kurve nach innen*, S. 68

Bestens geeignet für:

- alle Stoffe

Oben: eine Kante mit Bögen

Bögen

Bögen sind eine Kombination aus nach innen gerichteten Ecken und nach außen gerichteten Kurven, deshalb erfordern sie eine Verknüpfung verschiedener Techniken, damit sie perfekt werden.

Siehe auch:

- *Stiche*, S. 23
- *Mit der Nähmaschine nähen*, S. 21
- *Mit Stecknadeln fixieren*, S. 24
- *Bügeln*, S. 26/27
- *Eine Naht anfangen und beenden*, S. 31
- *Nach innen gerichtete rechtwinklige Ecke*, S. 66
- *Kurve nach außen*, S. 69

Bestens geeignet für:

- leichte und mittelschwere Stoffe

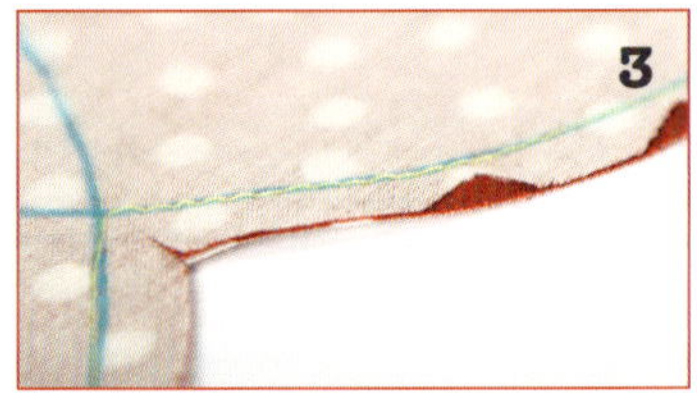

1 Stecken Sie zwei Stücke Stoff mit Stecknadeln zusammen. Zeichnen Sie die Bögen darauf: Für dieses Muster wurde ein Teller als Schablone verwendet, dessen Grundfläche sich bei jeder Kurve überschnitt. Stellen Sie auf der Nähmaschine einen mittellangen Geradstich ein, und nähen Sie an der vorgezeichneten Linie entlang. Heben Sie an den nach innen gerichteten Ecken den Nähfuß an, und drehen Sie den Stoff.

2 Schneiden Sie die Bögen mit 1 cm Abstand von der Naht aus.

3 Schneiden Sie in die nach innen gerichteten Ecken ein. Schneiden Sie kleine Dreiecke in die nach außen gerichteten Kurven. Wenden Sie die Bögen entlang der Naht auf rechts, und ziehen Sie sie mit den Fingern in Form. Bügeln Sie die Naht.

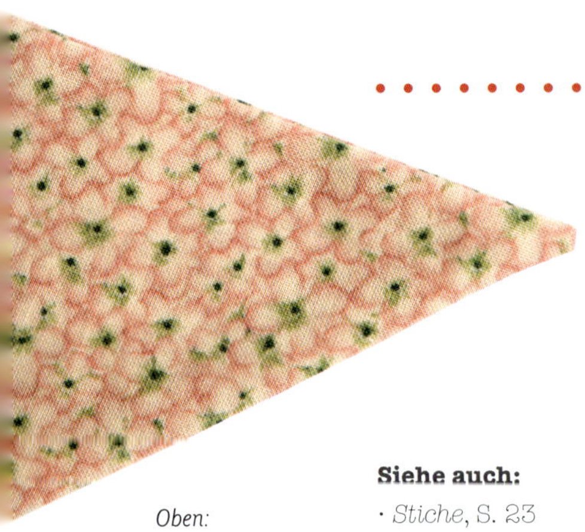

Oben: eine Spitze

Spitzen

Spitzen sind eigentlich nichts anderes als nach außen gerichtete Ecken mit spitzem Winkel, aber man muss sie ein wenig anders behandeln, damit sie ordentlich liegen.

Siehe auch:

- *Stiche*, S. 23
- *Mit der Nähmaschine nähen*, S. 21
- *Mit Stecknadeln fixieren*, S. 24
- *Bügeln*, S. 26/27
- *Eine Naht anfangen und beenden*, S. 31
- *Nach außen gerichtete rechtwinklige Ecke*, S. 67

Bestens geeignet für:

- leichte und mittelschwere Stoffe

1 Befolgen Sie Schritt 1 des Kapitels *Nach außen gerichtete rechtwinklige Ecke* (S. 67), um das Ende der Naht zu markieren und die erste Seite zu nähen. Heben Sie den Nähfuß an, und drehen Sie den Stoff, um einen Stich über die Spitze der Ecke zu setzen. Drehen Sie den Stoff erneut, und nähen Sie die zweite Seite der Spitze zu.

2 Beschneiden Sie die Nahtzugaben wie auf der Abbildung gezeigt. Schneiden Sie das Ende der Spitze 3 mm von der Naht entfernt ab. Schneiden Sie dann beide Seiten schräg ab, befolgen Sie dabei die Schritte 3/4 des Kapitels *Nach außen gerichtete rechtwinklige Ecke* (S. 67).

Abnäher

Unter Abnähern versteht man kleine, abgeschrägte Falten, die den Stoff so formen, dass er glatt auf unseren Kurven liegt. Gut genähte Abnäher machen die Passform eines Kleidungsstücks perfekt.

Siehe auch:

- *Stiche*, S. 23
- *Stoffe*, S. 22/23
- *Mit der Nähmaschine nähen*, S. 21
- *Mit Stecknadeln fixieren*, S. 24
- *Heften*, S. 25
- *Bügeln*, S. 26/27
- *Gerade Linien nähen*, S. 30
- *Eine Naht anfangen und beenden*, S. 31

Bestens geeignet für:

- alle Stoffe

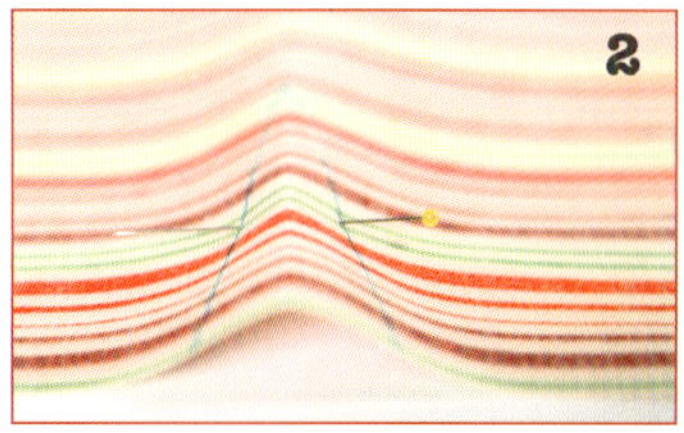

1 Zeichnen Sie den Abnäher auf der linken Stoffseite auf. Wenn Sie ihn von einem Schnittmuster übertragen, bohren Sie an der Spitze des Abnähers ein winziges Loch in das Papier und drücken Sie dann den Stoffmarker darauf, um die Spitze auf dem Stoff zu markieren. Markieren Sie auch die beiden oberen Spitzen des Abnähers, und verbinden Sie die Punkte dann mit dem Lineal, um den Abnäher vorzuzeichnen.

2 Stecken Sie auf einer Seite des Abnähers eine Stecknadel so in die Seitenlinie, dass sie auf der Linie auf der anderen Seite wieder herauskommt. Achten Sie darauf, dass die Stecknadel gerade steckt.

3 Schieben Sie den Stoff an der Nadel zusammen, sodass die Seitenlinien aufeinanderliegen, stecken Sie dann die Linien so zusammen, dass der Stecknadelkopf zur Spitze des Abnähers zeigt. Wenn der Stoff rutschig oder in anderer Hinsicht schwierig zu nähen ist, heften Sie knapp außerhalb der markierten Linie.

4 Stellen Sie auf der Nähmaschine einen mittellangen Geradstich ein. Beginnen Sie an der Stoffkante, und nähen Sie den Abnäher mit der Nähmaschine. Wenn Sie zur Spitze gelangen, nähen Sie ein wenig schräg, sodass die letzten paar Stiche fast parallel zum Falz verlaufen.

5 Ziehen Sie beide Fäden auf eine Seite, und verknoten Sie sie, um die Naht zu verriegeln. Entfernen Sie alle Heftfäden, falls vorhanden.

6 Bügeln Sie den Abnäher flach und dann zu einer Seite. Wenn es sich um einen Taillenabnäher handelt, bügeln Sie ihn zur Seitennaht, wenn es ein Abnäher an der Büste ist, bügeln Sie ihn nach unten. Wenn der Abnäher sehr breit oder der Stoff sehr dick ist, können Sie innerhalb des Abnähers Stoff abschneiden und nur noch 1 cm Nahtzugabe übrig lassen.

Unten: ein Abnäher

20

Hübsche Kanten

Einfassungen und Bordüren haben sowohl eine praktische als auch eine ästhetische Funktion. Man kann eine Kante einfassen, damit sie nicht unförmig wird, und gleichzeitig ein hübsches Detail hinzufügen. Oder Sie können Spitzenstoff in eine Naht einbetten, dadurch erhalten Sie einen Hauch von Couture.

Schrägband herstellen und damit einfassen

Man kann fertiges Schrägband kaufen, allerdings ist es nur in einer begrenzten Anzahl von Farben erhältlich. Wenn Sie Ihr eigenes herstellen – was einfach ist – können Sie es passend oder in einem hübschen Kontrast zu Ihrem Projekt aussuchen. Dazu benötigen Sie einen Schrägbandformer, den man für wenig Geld im Stoffladen erwerben kann. Es gibt verschiedene Arten, das Anfangsparallelogramm herzustellen: Diese Methode verbraucht viel Stoff, hat aber am wenigsten Nähte, deshalb ist sie eine bevorzugte Technik.

Diagonale und Fadenlauf

Stoff wird aus zwei Fäden gewoben – aus Kett- und Schussfäden, die sich im rechten Winkel kreuzen. Wenn der Stoff in der Richtung von einem dieser Fäden geschnitten wird, schneidet man ihn „entlang dem Fadenlauf". Wenn der Stoff diagonal zu diesen Fäden geschnitten wird, spricht man von einem Schräg- oder Diagonalschnitt. Diagonal geschnittener Stoff ist dehnbarer, haftet besser und franst weniger aus als nach dem Fadenlauf geschnittener Stoff.

Siehe auch:

- *Stiche*, S. 23
- *Mit der Nähmaschine nähen*, S. 21
- *Mit Stecknadeln fixieren*, S. 24
- *Bügeln*, S. 26/27
- *Gerade Linien nähen*, S. 30
- *Eine Naht anfangen und beenden*, S. 31
- *Offene Naht*, S. 34

Bestens geeignet für:

- leichte und mittelschwere Stoffe
- Webstoffe

Schrägbandstreifen herstellen

1 Schneiden Sie gemäß des Fadenlaufs ein Rechteck aus Stoff aus, und legen Sie es mit der rechten Seite nach oben flach auf den Tisch. Falten Sie eine der kurzen Kanten auf die obere lange Kante. Wie die Abbildung zeigt, ist nun ein Dreieck der linken Stoffseite zu sehen.

2 Bügeln Sie den Diagonalfalz.

3 Klappen Sie den Stoff wieder auf und schneiden Sie entlang des gebügelten Falzes, um das Stoffdreieck abzuschneiden.

4 Wiederholen Sie die Schritte 1–3, um auf der anderen Seite des Rechtecks ein Dreieck zu falten, zu bügeln und abzuschneiden. Falten Sie es so, dass sich die gebügelte Linie in die gleiche Richtung neigt wie auf der anderen Seite, sodass ein Parallelogramm entsteht. Die abgeschrägten Enden verlaufen nun diagonal zum Fadenlauf.

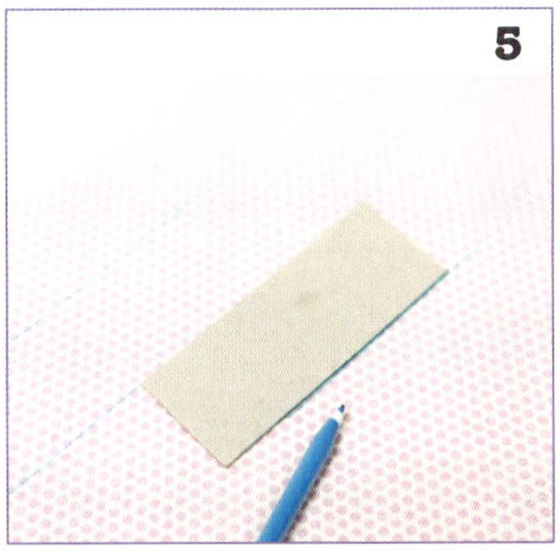

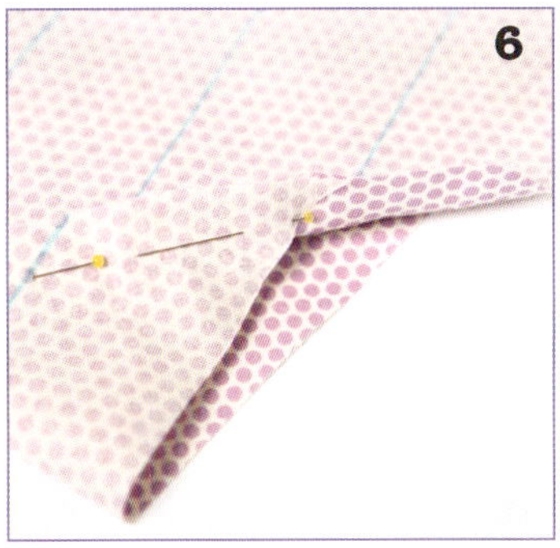

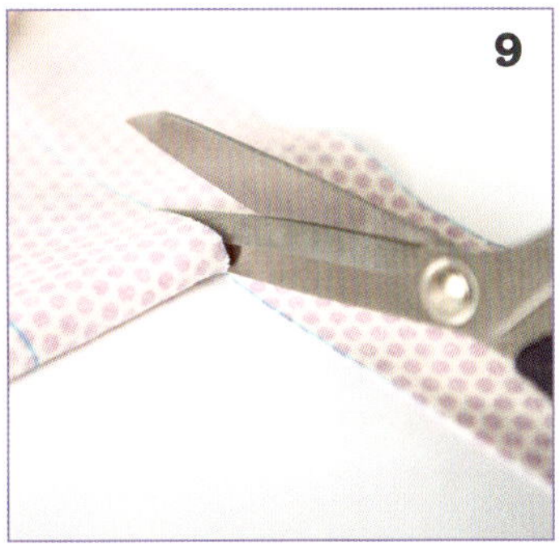

5 Schneiden Sie aus Pappe eine Schablone in der Breite aus, in der das Schrägband benötigt wird. Auf der Packung Ihres Schrägbandformers sollte vermerkt sein, welche Breite verwendet werden soll. Legen Sie die Schablone auf der Rückseite des Stoffs an eine der abgeschrägten Kanten, und zeichnen Sie an der anderen Seite der Schablone entlang, von einer geraden Kante zur anderen, parallel zur Schrägung. Legen Sie die Schablone dann an dieser gezeichneten Linie an, und zeichnen Sie auf dieselbe Weise eine zweite Linie. Zeichnen Sie die Linien so über den Stoff, bis Sie die andere schräge Kante erreichen. Schneiden Sie eventuellen Überschuss ab.

6 Legen Sie die beiden geraden Kanten rechts auf rechts aufeinander. Bringen Sie an einem abgeschrägten Ende die Schrägkante mit der ersten gezeichneten Linie zusammen, sodass alle Linien um eins versetzt sind. Achten Sie darauf, dass die gezeichneten Linien an der Nahtlinie zusammentreffen, 1,5 cm von den unversäuberten Kanten entfernt. Stecken Sie die geraden Kanten entlang der Nahtlinie zusammen, um einen Schlauch zu bilden.

7 Stellen Sie auf der Nähmaschine einen mittellangen Geradstich ein, und nähen Sie die festgesteckte Naht mit einer Nahtzugabe von 1,5 cm.

8 Bügeln Sie die Naht auseinander. Sie haben nun einen Stoffschlauch hergestellt, in dem eine durchgehende Linie spiralförmig verläuft.

9 Beginnen Sie an einem Ende, und schneiden Sie entlang der vorgezeichneten Linie, um einen fortlaufenden Streifen Schrägband zu erhalten.

Schrägband vollenden

10 Führen Sie eines der spitzen Enden des Schrägbands in den Schrägbandformer ein, und ziehen sie es durch.

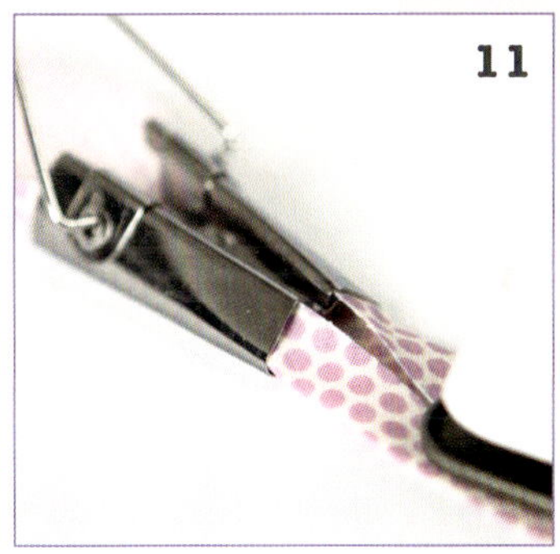

11 Ziehen Sie den Schrägbandformer langsam am Schrägband entlang, sodass die Falten beim Austreten flachgedrückt sind.

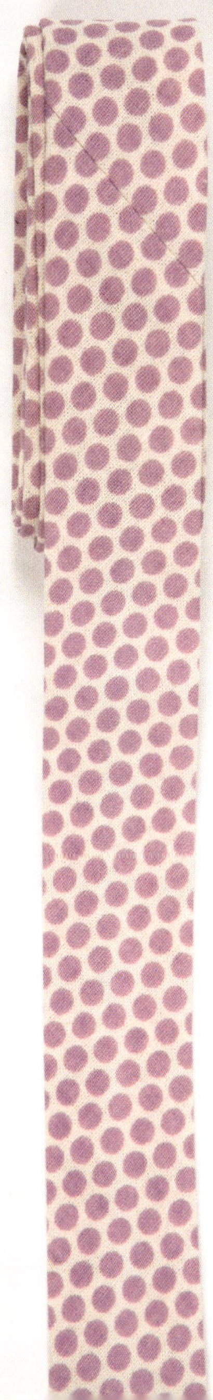

Rechts: selbst gemachtes Schrägband

Dekoratives Schrägband

Um Ihr selbst gemachtes Schrägband zur Geltung zu bringen, sollten Sie es so verarbeiten, dass man es sehen kann. Wenn man Kanten auf diese Art versäubert, faltet man den Saum nicht um, deshalb eignet sich diese Methode besonders gut für steife und voluminöse Stoffe, ist aber auch ein guter Abschluss für durchsichtige Stoffe, da man damit Saumprobleme lösen und dem Stoff ein wenig Gewicht verleihen kann, damit er besser fällt.

Siehe auch:

- *Stiche*, S. 23
- *Mit der Nähmaschine nähen*, S. 21
- *Mit Stecknadeln fixieren*, S. 24
- *Heften*, S. 25
- *Bügeln*, S. 26/27
- *Gerade Linien nähen*, S. 30
- *Eine Naht anfangen und beenden*, S. 31

Bestens geeignet für:

- gerade und gebogene Kanten
- Erzeugnisse aus leichten und mittelschweren Stoffen
- Versäubern aller Stoffarten

1 Klappen Sie eine der gefalteten Kanten des Schrägbands auf. Stecken Sie das Band rechts auf rechts auf den Stoff, sodass die unversäuberten Kanten aufeinanderliegen.

Links: dekoratives Schrägband auf der rechten Seite (oben) und auf der linken Seite (darunter) des Projekts

2 Heften Sie das Schrägband fest, sodass sich die Stiche auf einer Seite des Falzes befinden (s. *Nadellöcher vermeiden*, gegenüber).

3 Stellen Sie auf der Nähmaschine einen mittellangen Geradstich ein. Legen Sie den Stoff so unter den Nähfuß, dass die Nadel genau auf dem aufgeklappten Falz des Schrägbands näht. Ob der Stoff richtig positioniert ist, überprüfen Sie, indem Sie die Nadel so weit senken, dass sie gerade den Stoff berührt. Nähen Sie mit der Nähmaschine am Falz entlang, nähen Sie an beiden Enden rückwärts, um die Naht zu verriegeln.

4 Entfernen Sie die Heftstiche, und bügeln Sie die mit der Nähmaschine genähte Naht flach. Falten Sie das Schrägband jetzt so über die Naht, dass es mit der rechten Seite nach oben daliegt, die unversäuberten Stoffkanten verdeckt. Bügeln Sie das Schrägband.

5 Falten Sie das Schrägband über die unversäuberte Stoffkante und zur linken Seite. Die freie Kante des Schrägbands sollte die Naht, die auf der linken Seite zu sehen ist, gerade so bedecken (s. kleines Bild). Stecken Sie das Schrägband auf der rechten Seite fest.

6 Legen Sie den Stoff so unter den Nähfuß, dass die Nadel genau auf der Naht zwischen dem Schrägband und dem Hauptstoff näht. Dies nennt man Nähen in der Naht. Nähen Sie das Schrägband mit der Nähmaschine fest, nähen Sie an beiden Seiten rückwärts, um die Naht zu verriegeln.

Verdecktes Schrägband

Bei dieser Methode, eine Kante einzufassen, ist das Schrägband selbst nicht sichtbar, wohl aber die letzte Naht. Die Technik eignet sich für schwere Stoffe, da man sie dann nicht zweimal umzuklappen braucht, aber sie eignet sich weniger für durchsichtige Stoffe, weil das eher seltsam aussieht. Sie können das Schrägband selbst herstellen oder ein gekauftes Schrägband verwenden, so wie hier, da man es sowieso nicht sehen kann.

Siehe auch:

- *Stiche*, S. 23
- *Mit der Nähmaschine nähen*, S. 21
- *Mit Stecknadeln fixieren*, S. 24
- *Heften*, S. 25
- *Bügeln*, S. 26/27
- *Gerade Linien nähen*, S. 30
- *Eine Naht anfangen und beenden*, S. 31
- *Dekoratives Schrägband*, S. 76

Bestens geeignet für:

- gerade und gebogene Kanten
- Erzeugnisse aus leichten und mittelschweren Stoffen
- Versäubern aller Stoffarten außer durchsichtiger Stoffe

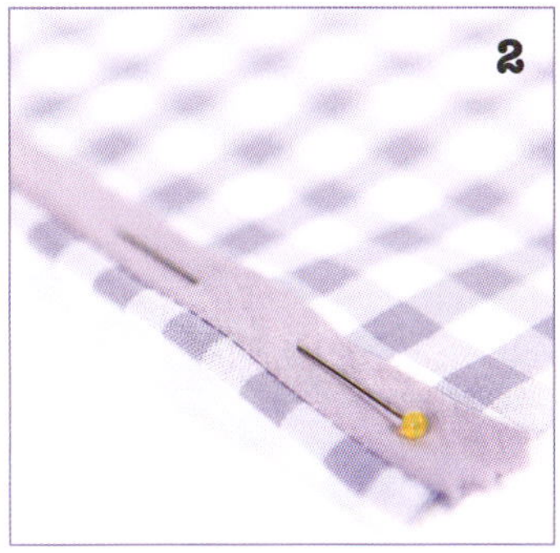

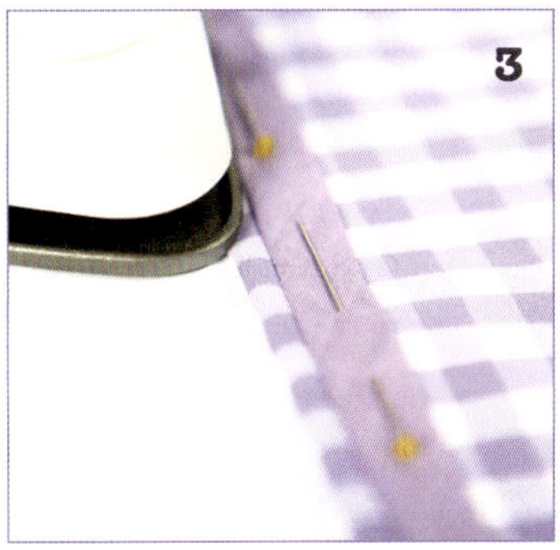

1 Befolgen Sie die Schritte 1–4 des Kapitels *Dekoratives Schrägband* (S. 76), um die eine Seite des Schrägbands anzunähen, und bügeln Sie das Schrägband über die Stoffkante.

2 Falten Sie die volle Breite des Schrägbands auf die linke Seite des Stoffes, und klappen Sie dabei auch einen kleinen Streifen Stoff mit um. Die umgefaltete Stoffmenge kann dabei so breit sein wie benötigt: Hier wurde so viel umgefaltet, dass die Vichy-Karos auf der rechten Seite ordentlich aussehen. Stecken Sie das Schrägband auf der linken Stoffseite fest.

3 Bügeln Sie die gefaltete Stoffkante, vermeiden Sie es dabei, die Stecknadeln mitzubügeln.

4 Legen Sie den Stoff so unter den Nähfuß, dass die Nadel nah an der freien Kante des Schrägbands näht. Nähen Sie das Schrägband mit der Nähmaschine fest, nähen Sie an beiden Enden rückwärts, um die Naht zu verriegeln.

Nadellöcher vermeiden

Falls Stecknadeln in Stoff und Schrägband keine Löcher hinterlassen, stecken und heften Sie das Schrägband entlang der Mitte an. Falls es doch Löcher gibt, stecken und heften Sie wie auf der Abbildung gegenüber entlang der ausgeklappten Kante.

Rechts: verborgene Schrägbandeinfassung auf der rechten Seite (oben) und auf der linken Seite (darunter) des Projekts

Schrägbandeinfassung mit Zickzackstich

Dies ist eine schnelle und leichte Technik, um Kanten einzufassen, aber sie sieht nicht gut aus und wird deshalb nur zum Versäubern von Kanten verwendet, die nicht sichtbar sind, aber gut versäubert werden müssen. Ein umgeklappter Saum ist hier nicht notwendig, deshalb ist es eine gute Technik für voluminöse Stoffe.

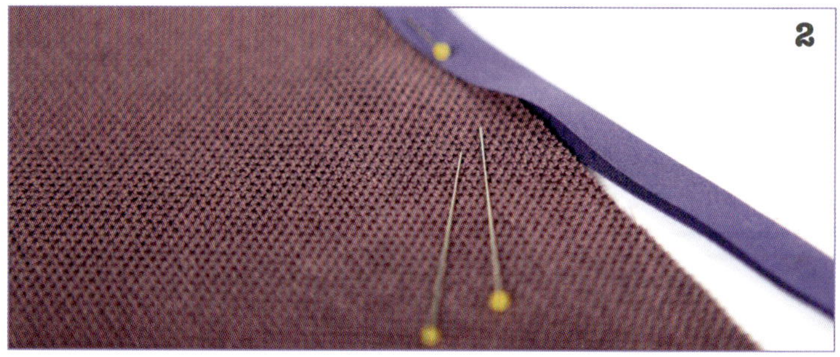

Siehe auch:

- *Stiche*, S. 23
- *Mit der Nähmaschine nähen*, S. 21
- *Mit Stecknadeln fixieren*, S. 24
- *Heften*, S. 25
- *Bügeln*, S. 26/27
- *Gerade Linien nähen*, S. 30
- *Eine Naht anfangen und beenden*, S. 31
- *Versäubern*, S. 32

Bestens geeignet für:

- gerade und gebogene Kanten
- versteckte Kanten Erzeugnisse aus leichten und mittelschweren Stoffen
- Versäubern aller Stoffarten

Links: die Schrägbandeinfassung mit Zickzackstich sieht auf beiden Seiten gleich aus

1 Falten Sie das Schrägband genau in der Mitte, und bügeln Sie es.

2 Stülpen Sie das gefaltete Schrägband über die unversäuberte Stoffkante, sodass es diese komplett umschließt. Stecken Sie das Schrägband mit Stecknadeln fest.

3 Da es sich um einen schmalen Abschluss handelt, ist es sinnvoll, das Schrägband festzuheften, vor allem wenn es sich um einen rutschigen Stoff handelt.

4 Stellen Sie auf der Nähmaschine einen mittelgroßen Zickzackstich ein. Sie können das Schrägband auf zwei verschiedene Arten festnähen, je nachdem, was Ihnen besser gefällt oder was Sie einfacher finden.

Drehen Sie das Handrad, bis die Nadel so weit rechts wie möglich ist. Legen Sie den Stoff so unter den Nähfuß, dass die Nadel auf dem Schrägband, nahe an der Kante, anfängt zu nähen. Wenn sich die Nadel nach links bewegt, sticht sie in den Stoff ein, sodass die Zickzacklinie die Grenze zwischen Schrägband und Stoff bedeckt.

Die andere Methode besteht darin, dass Sie den Stoff so platzieren, dass die Nadel rechts einsticht, nahe an der Außenkante des Schrägbands. Wenn die Nadel dann links einsticht, sollte sie das nahe an der Kante tun, die den Stoff überlappt, sodass die Stichlinie ganz auf dem Schrägband liegt.

Entfernen Sie den Heftfaden.

Das Schrägband formen

Schrägband kann für vollkommen gerade Kanten verwendet werden, aber auch für gebogene aller Art. Wenn man es jedoch an eine gebogene Kante nähen möchte, erhält man ein besseres Ergebnis, wenn man das Schrägband zuvor ein wenig formt. Man braucht es nicht haargenau so formen wie die Kante, die versäubert werden soll, aber je näher man dran ist, desto besser.

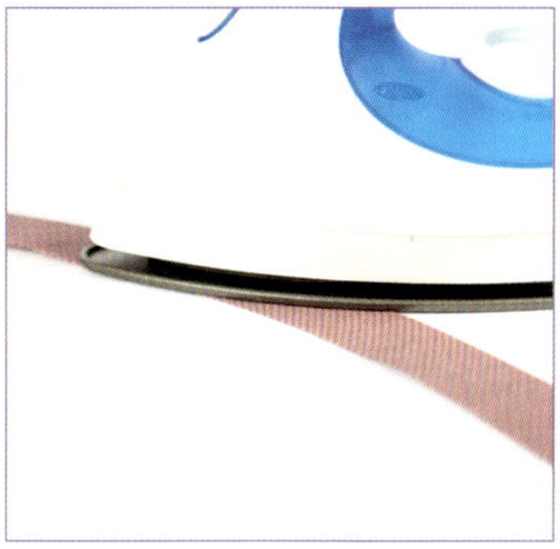

Siehe auch:

- *Stiche*, S. 23
- *Mit der Nähmaschine nähen*, S. 21
- *Bügeln*, S. 26/27
- *Gerade Linien nähen*, S. 30
- *Dekoratives Schrägband*, S. 76
- *Verdecktes Schrägband*, S. 77
- *Schrägbandeinfassung mit Zickzackstich*, S. 78

Bestens geeignet für:

- gebogene Kanten
- Erzeugnisse aus leichten und mittelschweren Stoffen

Wenn das Schrägband die Kante einfassen soll, wie beim dekorativen Schrägband oder bei der Schrägbandeinfassung mit Zickzack, falten Sie das Schrägband längs in der Mitte. Falls es ein verdecktes Schrägband werden soll, lassen Sie es flach, so wie hier. Drücken Sie das Bügeleisen auf ein Ende des Schrägbands, ziehen Sie dann das Schrägband unter dem Bügeleisen durch. Ziehen Sie es dabei in einem Bogen, um eine Kurve zu formen. Je enger Sie den Bogen ziehen, desto enger wird die Kurve.

Rechts: zu einem Bogen geformtes Schrägband

Gerade Einfassung

Wenn die Kante, die Sie einfassen wollen, absolut gerade ist, ohne den Hauch einer Biegung, können Sie die Einfassung auch aus Stoff herstellen, der entlang des Fadenlaufs zugeschnitten wurde und nicht diagonal. Das ist einfacher, weil Sie dann nur Stoffstreifen abzuschneiden brauchen, ohne das Schrägbandparallelogramm herzustellen. Angenäht wird es jedoch auf dieselbe Art und Weise wie Schrägband.

Siehe auch:

- *Stiche*, S. 23
- *Mit der Nähmaschine nähen*, S. 21
- *Bügeln*, S. 26/27
- *Gerade Linien nähen*, S. 30
- *Schrägband herstellen und damit einfassen*, S. 74/75
- *Dekoratives Schrägband*, S. 76
- *Verdecktes Schrägband*, S. 77
- *Schrägbandeinfassung mit Zickzackstich*, S. 78

Bestens geeignet für:

- gerade Kanten
- Erzeugnisse aus leichten und mittelschweren Stoffen
- Versäubern aller Stoffarten

Rechts: eine mit geradem Band eingefasste Kante, die mit der Technik aus dem Kapitel Dekoratives Schrägband *(S. 76) versäubert wurde*

Eine Ecke einfassen

Eine saubere, rechtwinklige Ecke mit Schrägband zu versäubern, ist nicht schwer, solange man exakt näht, misst und faltet. Es ist eine gute Methode, Tischsets aus schwerem, hitzebeständigem Stoff einzufassen.

Siehe auch:

- *Stiche*, S. 23
- *Mit der Nähmaschine nähen*, S. 21
- *Mit Stecknadeln fixieren*, S. 24
- *Bügeln*, S. 26/27
- *Gerade Linien nähen*, S. 30
- *Eine Naht anfangen und beenden*, S. 31
- *Nach außen gerichtete rechtwinklige Ecke*, S. 67
- *Schrägband herstellen und damit einfassen*, S. 74/75
- *Dekoratives Schrägband*, S. 76

Bestens geeignet für:

- rechtwinklige Ecken
- Erzeugnisse aus leichten und mittelschweren Stoffen
- Versäubern aller Stoffarten

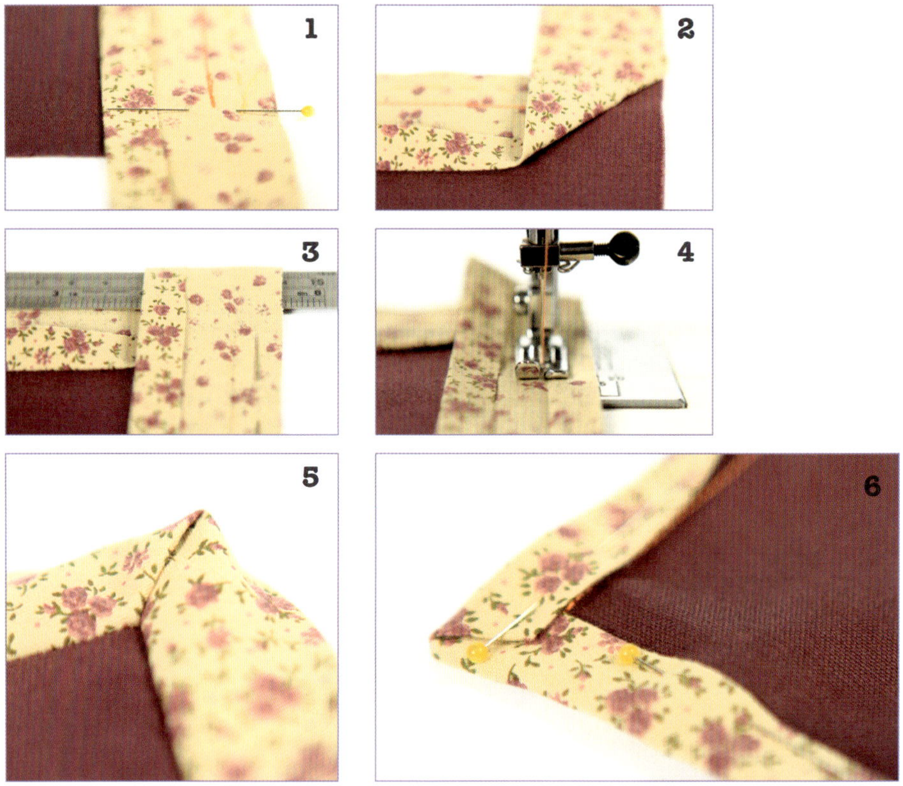

1 Befolgen Sie die Schritte 1/2 des Kapitels *Dekoratives Schrägband* (S. 76), um das Schrägband auf einer Seite der Ecke festzuheften. Messen Sie von der Ecke die Hälfte der Schrägbandbreite ab, und markieren Sie die Stelle mit einer Stecknadel. Legen Sie den Stoff so unter den Nähfuß, dass die Nadel genau auf dem aufgeklappten Falz des Schrägbands anfängt zu nähen. Nähen Sie am Falz entlang, bis Sie die Stecknadel erreichen. Nähen Sie an beiden Enden rückwärts, um die Naht zu verriegeln.

2 Entfernen Sie die Stecknadel, und falten Sie das Schrägband gerade nach oben, sodass die Falte diagonal über der Ecke liegt.

3 Legen Sie ein Lineal an die Kante, an die das Schrägband genäht werden soll, sodass es an den unversäuberten Stoffkanten und der Schrägbandkante liegt. Falten Sie das Schrägband über das Lineal gerade nach unten, sodass die aufgeklappte Kante an der unversäuberten Stoffkante der zweiten Seite der Ecke liegt. Stecken Sie diese Kante fest.

4 Beginnen Sie ganz oben, an der umgefalteten Kante: Nähen Sie das Schrägband an der zweiten Seite am Stoff fest. Nähen Sie wie zuvor den Falz an.

5 Wenden Sie das Schrägband nach oben über die Ecke des Stoffes auf rechts. Es sollte sich leicht wenden lassen, sodass man es nur ganz leicht zurechtzuschieben braucht, um eine perfekte Gehrung zu erhalten.

6 Falten Sie auf der Rückseite das Schrägband um, sodass die Nähte verborgen sind, und zupfen Sie die Ecke so ordentlich wie möglich zurecht. Befolgen Sie nun Schritt 6 des Kapitels *Dekoratives Schrägband* (S. 76), um die Einfassung zu beenden, drehen Sie dabei an der Ecke den Stoff um die Nadel.

Links: eingefasste Ecke

Paspeln

Paspeln werden in eine Naht eingebettet.Manchmal wirken sie zwar ziemlich altmodisch, aber das trifft nur zu, wenn das Projekt oder der Stoff, den Sie verwenden, altmodisch sind. Mit Paspeln kann man Umrisse betonen: man kann sie in einer lebhaften Farbe anfertigen, um Akzente zu setzen, oder in einem gemusterten Stoff, um einem ansonsten schlichten Projekt ein raffiniertes Detail zu verleihen.

Siehe auch:

- *Stiche*, S. 23
- *Mit der Nähmaschine nähen*, S. 21
- *Mit Stecknadeln fixieren*, S. 24
- *Heften*, S. 25
- *Bügeln*, S. 26/27
- *Gerade Linien nähen*, S. 30
- *Eine Naht anfangen und beenden*, S. 31
- *Offene Naht*, S. 34
- *Schrägband herstellen und damit einfassen*, S. 74/75

Bestens geeignet für:

- gerade und gebogene Kanten und Nähte
- Erzeugnisse aus leichten und mittelschweren Stoffen
- Versäubern aller Stoffarten

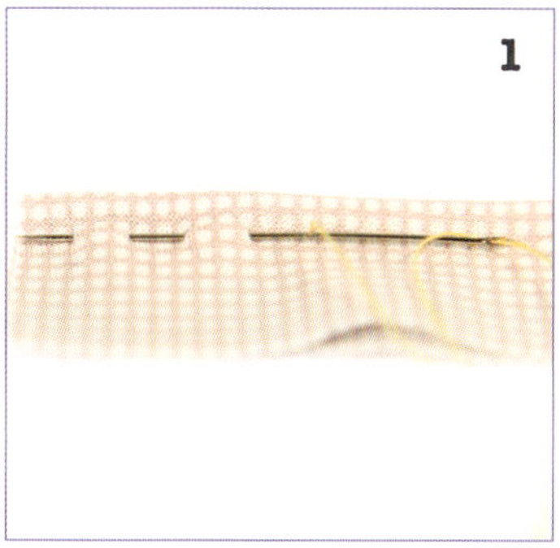

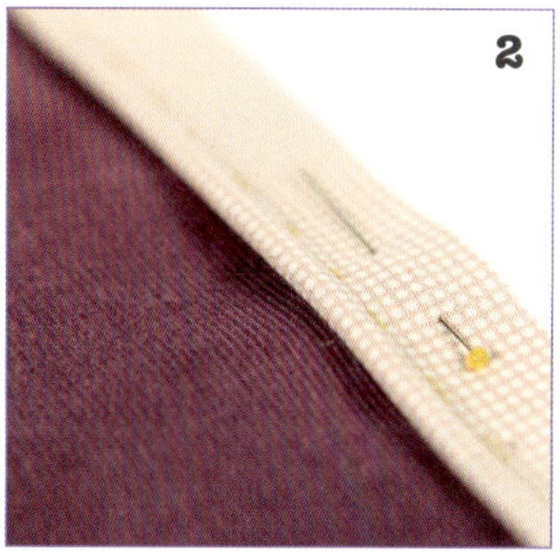

1 Stellen Sie einen Schrägbandstreifen her, der so breit ist, dass er um die Paspelkordel herum reicht, plus 3 cm. Wickeln Sie die Paspel mit der rechten Seite nach außen um die Kordel, sodass die langen, unversäuberten Kanten aufeinanderliegen. Lassen Sie an beiden Seiten das Kordelende heraushängen. Heften Sie die Stofflagen zusammen. Heften Sie dabei nahe, aber nicht eng an der Kordel. Beachten Sie, dass dieser Stoff ein diagonales Karomuster hat, das gerade aussieht, wenn der Stoff als Schrägband geschnitten wurde.

2 Legen Sie die Paspel auf die rechte Seite des einen Stoffteils, sodass die unversäuberten Kanten aufeinanderliegen. Stecken Sie die Paspel fest.

3 Stellen Sie an der Nähmaschine einen mittellangen Geradstich ein, und bringen Sie einen Reißverschlussfuß an. Legen Sie den Stoff so unter den Nähfuß, dass dessen Seite eng an der Kordel liegt. Nähen Sie die Paspel mit der Nähmaschine fest, nähen Sie an beiden Enden rückwärts, um die Naht zu verriegeln.

4 Legen Sie das Stoffteil mit der Paspel so auf das andere Stoffteil, dass die unversäuberten Kanten aufeinanderliegen. Stecken Sie die Lagen zusammen.

5 Nähen Sie wie in Schritt 3 mit der Nähmaschine, führen Sie dabei den Nähfuß so dicht wie möglich an der Schnur vorbei, sodass diese zweite Naht ein kleines bisschen näher an der Kordel ist als die erste. (Sollte die erste Naht sichtbar sein, sieht Ihre Paspel nicht besonders professionell aus).

Rechts: Eine Paspel kann in eine Nahtkante (oben) oder eine offenen Naht (darunter) eingearbeitet werden.

In die Naht eingearbeitete Bordüre

Raffinierte Bordüren in eine Naht einzuarbeiten ist eine fabelhafte und leichte Methode, einem einfachen Projekt ein dekoratives Detail hinzuzufügen. Sie brauchen eine Bordüre, die für diesen Zweck geeignet ist – mit einer flachen, stabilen Kante, die in die Naht eingenäht werden kann – und davon haben Sie buchstäblich Tausende zur Auswahl.

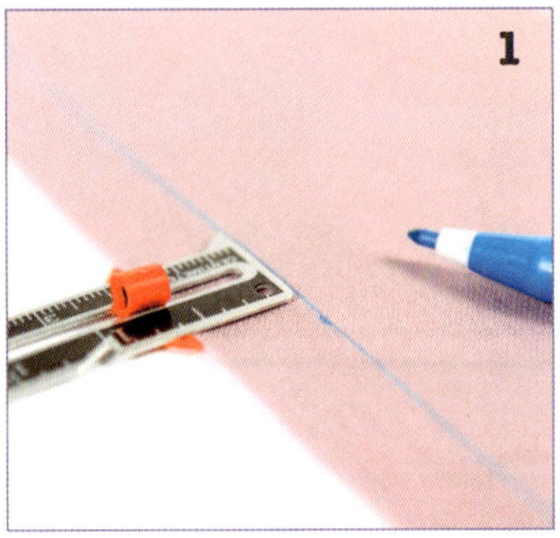

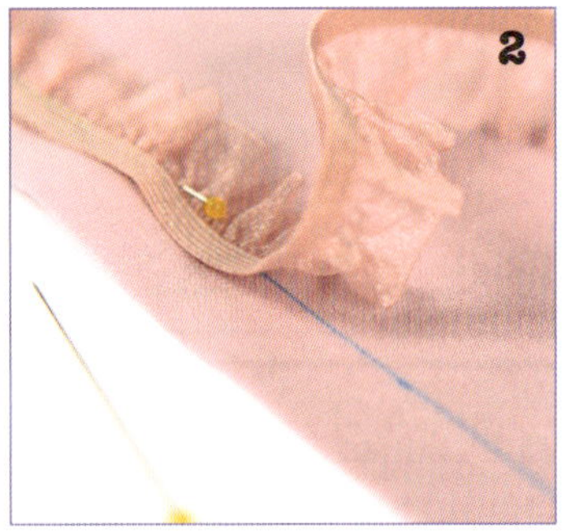

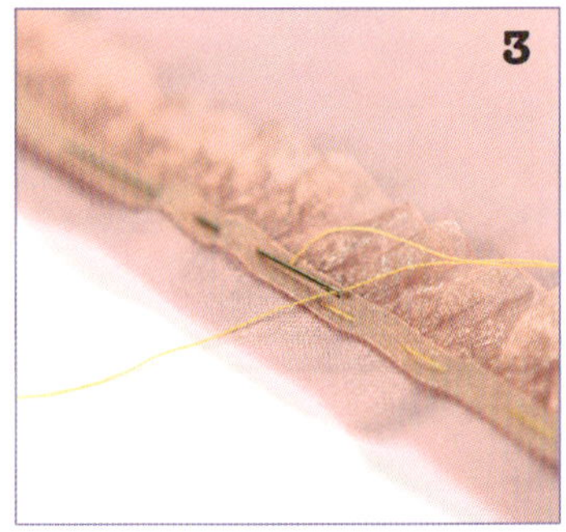

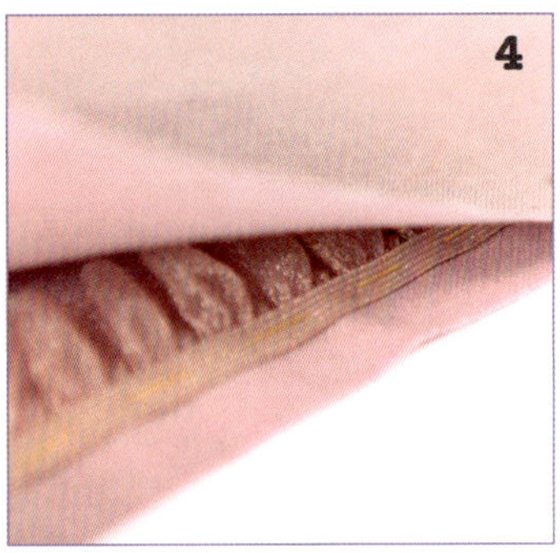

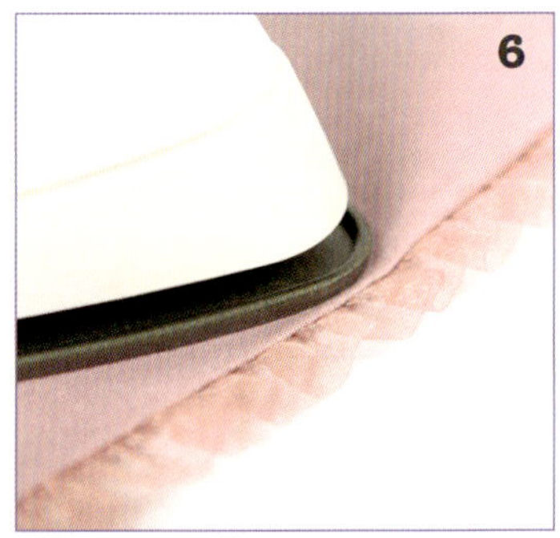

Siehe auch:

- *Stiche*, S. 23
- *Mit der Nähmaschine nähen*, S. 21
- *Mit Stecknadeln fixieren*, S. 24
- *Heften*, S. 25
- *Bügeln*, S. 26/27
- *Gerade Linien nähen*, S. 30
- *Eine Naht anfangen und beenden*, S. 31
- *Offene Naht*, S. 34

Bestens geeignet für:

- gerade und gebogene Kanten und Nähte
- Versäubern aller Stoffarten

Links: Eine Bordüre kann in eine Kantennaht (oben) oder in eine offene Naht (darunter) eingebettet werden.

1 Verwenden Sie einen Stoffmarker und eine Nahtlehre, um exakt zu messen; markieren Sie auf einem der Stoffteile eine Nahtzugabe von 1,5 cm.

2 Stecken Sie die Bordüre auf der rechten Seite des Stoffs so fest, dass ihre flache Kante zur unversäuberten Kante hin ein wenig über der markierten Linie liegt.

3 Heften Sie die Bordüre fest, stechen Sie dabei durch ihre flache Kante. Wenn Sie mit dem Heften fertig sind, falten Sie die Nahtzugabe zur falschen Seite, um zu überprüfen, dass vom flachen Teil der Bordüre jenseits der markierten Linie nichts zu sehen ist.

4 Legen Sie das andere Stoffteil mit der rechten Seite nach unten auf das Stoffteil mit der Bordüre, sodass die unversäuberten Kanten aufeinanderliegen. Stecken Sie die Lagen zusammen.

5 Stellen Sie auf der Nähmaschine einen mittellangen Geradstich ein. Nähen Sie die Naht, lassen Sie dabei genau 1,5 cm Nahtzugabe.

6 Wenn die Bordüre aus einer Kantennaht herausschauen soll, falten Sie den Stoff entlang der Naht, und bügeln Sie den Falz nur sehr vorsichtig, damit Sie die Bordüre nicht zerdrücken.

Kantenbordüren

Bordüren lassen sich nicht nur in eine Naht einarbeiten, es gibt auch eine riesige Bandbreite anderer Bordürentypen und -stile, die an die Kante eines Projekts genäht werden können. Hier werden nur einige wenige Beispiele angeführt, mit Informationen darüber, wie sie am besten angenäht werden können.

Siehe auch:

· *Stiche*, S. 23
· *Mit der Nähmaschine nähen*, S. 21
· *Mit Stecknadeln fixieren*, S. 24
· *Heften*, S. 25
· *Bügeln*, S. 26/27
· *Gerade Linien nähen*, S. 30
· *Eine Naht anfangen und beenden*, S. 31

Bestens geeignet für:

· gerade und gebogene Kanten und Nähte
· Versäubern aller Stoffarten

Bordüren auswählen

Es gibt ein paar praktische Aspekte, die man beachten sollte, wenn man eine Bordüre für ein Projekt aussucht. Bordüre und Stoff sollten dasselbe Waschverhalten haben: Eine Bordüre, die nur chemisch gereinigt werden kann, an ein Baumwollkleid zu nähen, ist keine gute Idee. Außerdem darf die Bordüre nicht zu schwer für den Stoff sein, sonst fällt das Projekt nicht ordentlich. Ein wenig Gewicht kann gut sein, aber eine dicke Bordüre mit Perlen funktioniert auf einem fließenden Stoff nicht.

Überlegen Sie genau, wie Sie eine Bordüre befestigen wollen, bevor Sie sie annähen. Diese Bordüre hatte bereits eine maschinengenähte Naht, durch die der gerüschte Bereich an das Samtband angenäht ist, eine weitere Naht an der gegenüberliegenden Kante des Samtbands sieht also gut aus. Unsensibles Nähen mit der Maschine kann eine Bordüre jedoch ruinieren, und manche befestigt man am besten mit kleinen Stichen von Hand.

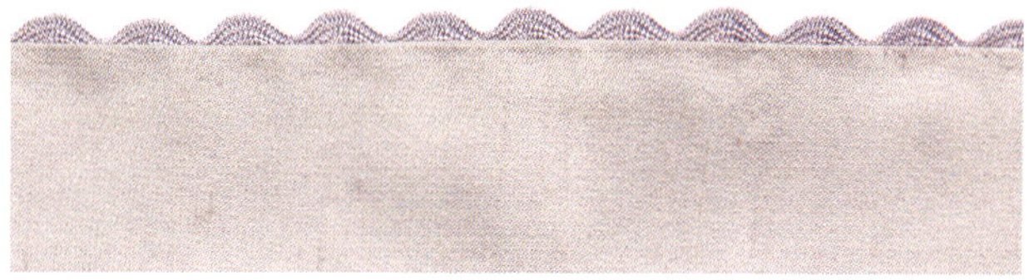

Manche Bordüren, die eigentlich gar nicht dafür vorgesehen sind, in eine Naht eingenäht zu werden, funktionieren ganz gut, wenn sie auf diese Weise verwendet werden. Dieses Beispiel zeigt eine breite Zackenlitze, die an eine Kantennaht genäht ist und dort eine feine bogenförmige Verzierung bildet.

Die sichtbare Naht, die für einen Saum benötigt wird, kann von einer hübschen Borte ablenken, aber bei Kanten mit Besatz stellt dies kein Problem dar. Diese Gänseblümchenborte befindet sich halb auf und halb neben dem Stoff, um der Kante ein Form gebendes Detail hinzuzufügen. Eine Naht, die dicht an der Stoffkante verläuft, hält die Bordüre an Ort und Stelle und untersteppt gleichzeitig den Besatz, damit er sich nicht nach vorne rollt.

Eine Kante mit einem schmalen Saum kann mit einer flachen Borte verziert werden, die mindestens eine geformte Kante hat, die unter dem Stoff hervorschaut. Nähen Sie sie mit einer Reihe Maschinenstiche an, die die Borte und gleichzeitig den Saum befestigt. Fertigen Sie vorher unbedingt eine kleine Probe an, denn ein Doppelsaum mit Borte kann sehr unförmig wirken.

Raffinessen

Sie können mit Ihrer Nähmaschine herrliche dekorative Details herstellen, die auch den schlichtesten Nähprojekten einen Hauch von Glamour verleihen. Keine dieser Techniken ist schwierig zu meistern, aber Sie werden sehen, dass Sie die Qual der Wahl haben, wenn Sie sich nicht mehr auf das rein Technische konzentrieren müssen.

Geraffte Rüschen

Ein leicht herzustellendes, feminines Detail, das an Damen- und Mädchenkleidung großartig aussieht. Wenn die Rüschen aus rustikaler Baumwolle bestehen, haben sie einen bezaubernden Retro-Look – in duftigem Organza wirken sie wunderbar romantisch.

Oben: eine geraffte Rüsche, die in eine Kantennaht eingebettet ist

Wie viele Rüschen?

Bevor Sie nun kilometerlange Rüschen für ein Projekt herstellen, sollten Sie ein paar Proben anfertigen, um zu sehen, wie sich der Stoff raffen lässt, und dann erst entscheiden, wie viel Sie davon brauchen. Doppelt so viel wie die benötigte Menge, so wie hier, stellt bei Baumwolle eine weiche Rüsche her, aber aus feinem, durchsichtigem Stoff braucht man von der Länge her mindestens die dreifache Menge, um eine Rüsche zu erhalten, die ein wenig Volumen hat.

Siehe auch:

- *Stiche*, S. 23
- *Mit der Nähmaschine nähen*, S. 21
- *Gerade Linien nähen*, S. 30
- *Eine Naht anfangen und beenden*, S. 31
- *Doppelsaum*, S. 43
- *Schmaler Saum*, S. 43

Bestens geeignet für:

- leichte und mittelschwere Stoffe

1 Schneiden Sie einen Streifen Stoff zu, der doppelt so lang ist wie die gewünschte Länge der Rüschen und die gewünschte Breite plus 2,5 cm misst: Dies reicht aus, um die Rüschen mit einem Saum zu versehen und sie oben in eine Naht einzubetten. Stellen Sie an einer der langen Kanten der Rüsche entweder mit der Doppelsaum-Technik (für Baumwollstoff) oder der Schmaler-Saum-Technik (für durchsichtige oder seidige Stoffe) einen 5 mm breiten doppelten Saum her, der die Rüschen unten abschließt. Falls die kurzen Enden sichtbar bleiben, säumen Sie diese ebenfalls.

2 Stellen Sie an der Nähmaschine einen langen Geradstich ein, und lockern Sie die Fadenspannung. Legen Sie den Stoff mit der rechten Seite nach oben so unter den Nähfuß, dass die Nähfußkante an der oberen, unversäuberten Kante anliegt. Nähen Sie an der oberen Kante entlang, nähen Sie am Anfang und Ende der Naht nicht rückwärts.

3 Beginnen Sie an einem Ende und ziehen Sie vorsichtig am Unterfaden, um den Stoff zu raffen. Schieben Sie beim Ziehen die Raffungen zur Mitte.

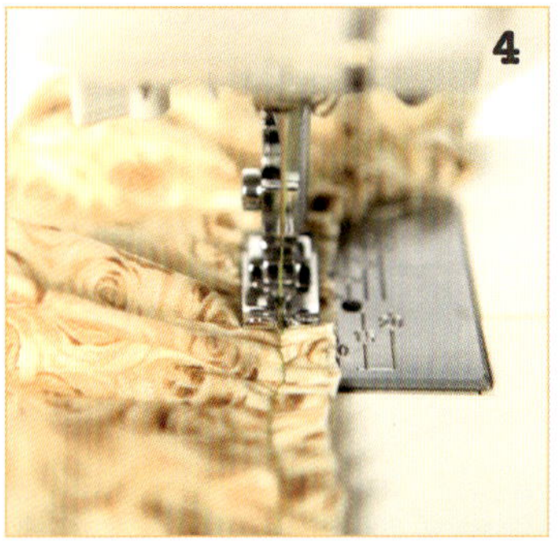

Wenn Sie etwa die Hälfte der Rüsche gerafft haben, verknoten Sie die Fäden, und beginnen Sie am anderen Ende zu raffen. Ziehen und schieben Sie die Raffungen vorsichtig zusammen, damit der Faden nicht reißt. Wenn die Rüsche auf die benötigte Länge gerafft ist, verknoten Sie auch die anderen Fäden.

4 Stellen Sie auf der Nähmaschine einen mittellangen Geradstich ein und passen Sie die Fadenspannung wieder dem Stoff an. Nähen Sie mit 1 cm Nahtzugabe oben an den Raffungen entlang, damit sie sich nicht mehr verschieben. Nähen Sie langsam, und führen Sie mit den Fingern die Raffungen gleichmäßig unter die Nadel, damit sich keine Klumpen bilden. Nähen Sie an beiden Enden rückwärts, um die Naht zu verriegeln.

Einfache Falten

Dies sind meine Lieblingsfalten, sie gehen nämlich schnell und sehen fast überall großartig aus. Ob an der Kante eines Kissens, oben an einer Tasche oder unten an einem Kleid – sie passen überall. Am besten stellt man sie aus Stoff her, der ein wenig Masse hat, sonst werden sie zu lasch, und der Effekt geht verloren.

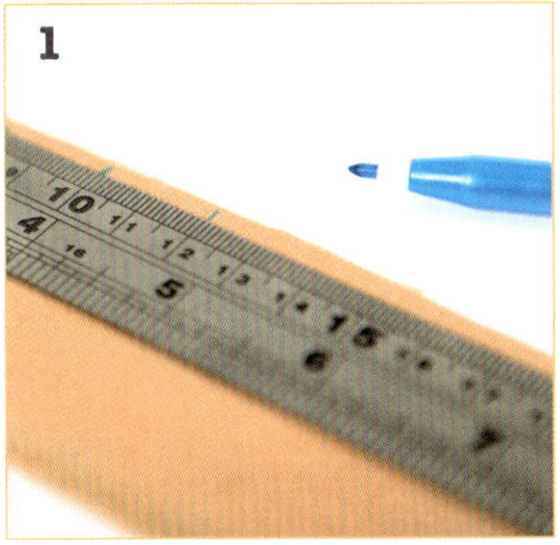

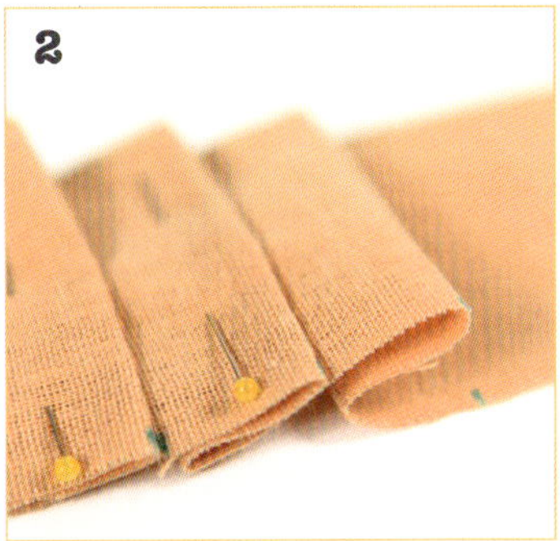

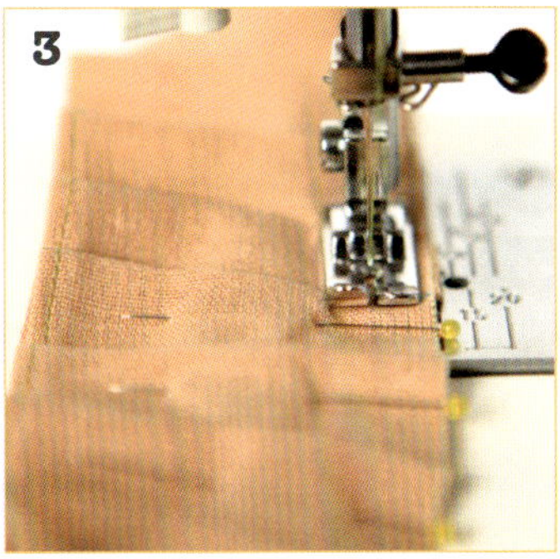

Oben: einfache Falten, die gebügelt und in eine Kantennaht eingebettet wurden

Siehe auch:

- *Stiche*, S. 23
- *Mit der Nähmaschine nähen*, S. 21
- *Mit Stecknadeln fixieren*, S. 24
- *Gerade Linien nähen*, S. 30
- *Eine Naht anfangen und beenden*, S. 31
- *Doppelsaum*, S. 43
- *Schmaler Saum*, S. 43
- *Geraffte Rüschen*, S. 86

Bestens geeignet für:

- mittelschwere Stoffe

1 Befolgen Sie Schritt 1 des Kapitels *Geraffte Rüschen* (S. 88), schneiden Sie aber den Stoffstreifen auf das Dreifache der gewünschten Länge zu. Messen und markieren Sie die Falten am oberen Rand auf der rechten Seite des Stoffes. Sie können zwischen 1,5 cm und 3 cm breit sein: wenn sie schmaler sind, ähneln sie Raffungen, und wenn sie breiter sind, sind sie nicht mehr so attraktiv. Die abgebildeten Falten sind 2 cm breit, deshalb befinden sich an der oberen Kante des Streifens kleine Markierungen in diesem Abstand.

2 Legen Sie den Stoff entlang der markierten Kanten auf der rechten Seite in Falten. Hierbei geht jede Falte über drei Markierungen: Sie greifen den Stoff an der ersten Markierung, falten ihn entlang der zweiten Markierung und legen die erste Markierung dann auf die dritte Markierung. Mit den nächsten drei Markierungen wiederholen. Stecken Sie dabei in jede Falte senkrecht eine Stecknadel, der Stecknadelkopf soll dabei zur oberen Stoffkante hin zeigen.

3 Stellen Sie die Nähmaschine auf einen mittellangen Geradstich ein. Nähen sie mit 1 cm Nahtzugabe oben an den Falten entlang, um sie zu fixieren. Nähen Sie langsam, und entfernen Sie dabei die Stecknadeln anstatt über sie zu nähen. Nähen Sie an beiden Enden rückwärts, um die Naht zu verriegeln. Sie können die fertigen Falten bügeln, um sie markanter aussehen zu lassen, oder sie einfach weich lassen – ganz wie Sie wollen.

4 Selbst wenn man die Falten feststeckt, passiert es leicht, dass sich der Nähfuß unter den Rand einer Falte schiebt und sie umklappt, wie auf der Abbildung gezeigt, deshalb sollten Sie ein scharfes Auge auf das Geschehen haben. Sollte Ihnen das Sorge bereiten, nehmen Sie sich die Zeit, die Falten mit kleinen Stichen zu heften.

Quetschfalten

Quetschfalten sind etwas komplizierter herzustellen, aber sie sehen hübsch aus und sind sehr vielseitig. Sie können ein schmales Band davon herstellen und als Bordüre verwenden, oder Sie können sie einem bereits existierenden Kleidungsschnitt hinzufügen. Dafür müssen Sie aber bereits eine etwas erfahrenere Schneiderin sein.

Oben: Quetschfalten, die gebügelt und in eine Nahtkante eingebettet wurden

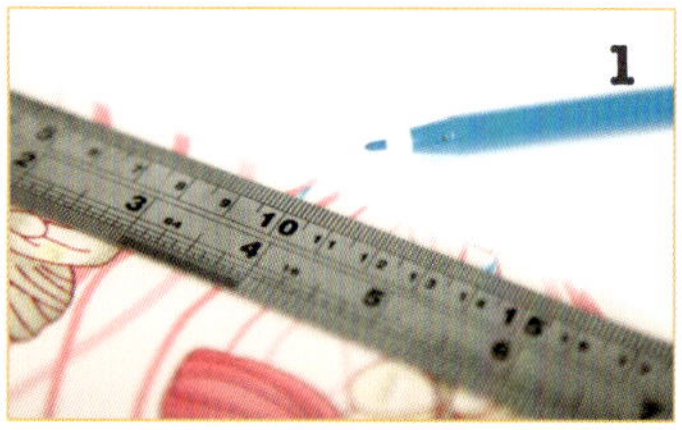

Siehe auch:

- *Stiche*, S. 23
- *Mit der Nähmaschine nähen*, S. 21
- *Mit Stecknadeln fixieren*, S. 24
- *Bügeln*, S. 26/27
- *Gerade Linien nähen*, S. 30
- *Eine Naht anfangen und beenden*, S. 31
- *Doppelsaum*, S. 43
- *Schmaler Saum*, S. 43
- *Einfache Falten*, S. 87

Bestens geeignet für:

- mittelschwere Stoffe

1 Befolgen Sie Schritt 1 des Kapitels *Einfache Falten* (S. 87), um den Stoff zu schneiden und zu säumen. Sie können die Breite frei wählen; diese hier sind 8 cm breit: Messen Sie auf der linken Stoffseite 2 cm vom kurzen Ende ab, und markieren Sie diese Stelle. Markieren Sie dann Punkte, die abwechselnd 8 cm und 4 cm voneinander entfernt sind. Enden Sie mit einer 8-cm-Markierung und messen Sie wieder 2 cm ab.

2 Legen Sie den Stoff mit der linken Seite nach oben, und falten Sie ihn entlang der markierten Kante. Diese Falten gehen über zwei Markierungen: Legen Sie die erste auf die zweite Markierung, und fixieren Sie die Falte mit einer senkrecht eingesteckten Stecknadel. Wiederholen Sie das Ganze mit jedem Markierungspaar. An den Stecknadeln wird später entlanggenäht, deshalb ist es wichtig, sie im rechten Winkel einzustecken. Um dies zu überprüfen, falten Sie den Stoff und setzen den Stecknadelkopf an die Stelle, an der sich die Markierungen berühren. Messen Sie mit der Nahtlehre 1 cm von der Falte ab und lassen Sie die Nadel an dieser Stelle wieder herauskommen.

3 Beginnen Sie auf der rechten Stoffseite, von der oberen Kante etwa die halbe Breite entfernt, damit jede Falte zu nähen. Dieser Abstand hängt davon ab, welche Wirkung Sie erzielen möchten. Wenn Sie sich nicht sicher sind, heften Sie zuerst ein paar Falten, damit Sie sehen, wie sie herauskommen. Legen Sie den Stoff im benötigten Abstand von der oberen Kante unter die Nähmaschine, die Nadel soll dabei auf Höhe der Stecknadelspitze sein. Nähen Sie ein paar Stiche rückwärts, entfernen Sie dann die Stecknadel, und nähen Sie in einer geraden Linie zu den Markierungen am oberen Rand des Stoffstreifens. Nähen Sie rückwärts, um die Naht zu verriegeln.

4 Legen Sie den Stoffstreifen mit den Falten mit der rechten Seite nach oben so vor sich, dass die Falten zu Ihnen zeigen. Nehmen Sie die Spitze jeder Falte zwischen die Finger, und machen Sie einen Knick hinein. Flachen Sie dann die Falte ab, indem Sie den Knick auf die Naht darunter legen. Stecken Sie auf jeder Seite der Naht senkrecht eine Stecknadel hinein, um die Quetschfalte zu halten.

5 Um sicherzustellen, dass die Falten gleichmäßig und rechtwinklig sind, bügeln Sie den unteren Rand jeder Falte. Passen Sie den Stoff an, korrigieren Sie falls notwendig die Stecknadeln, sodass jede Falte flach neben ihrer Nachbarin liegt.

6 Befolgen Sie Schritt 3 des Kapitels *Einfache Falten* (S. 87), um über den oberen Rand der Quetschfalten zu nähen.

Biesen

Dies ist eine Technik, die fast überall eingesetzt werden kann, um einen herrlichen Vintage-Look zu kreieren. Kleidungsstücke aller Art, Taschen, Kissen, Schals, Bettwäsche ... alles, was aus einem einigermaßen festen leichten bis mittelschweren Stoff besteht, wird durch ein paar hübsche Biesen aufgewertet. Man kann auch in durchsichtige oder fließende Stoffe Biesen nähen, aber das ist nicht so einfach, und ich würde empfehlen, vor jedem Einsatz der Nähmaschine von Hand zu heften.

Oben: Seidenstoff mit Biesen

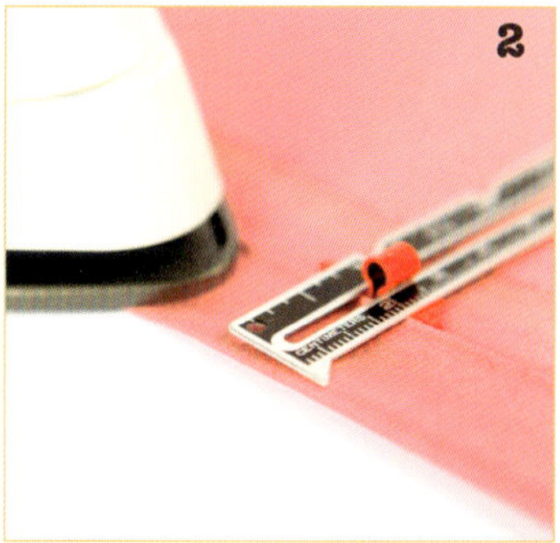

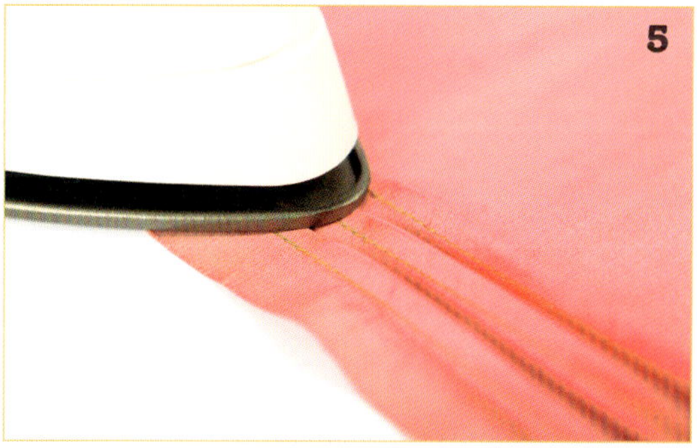

Siehe auch:

- *Stiche*, S. 23
- *Mit der Nähmaschine nähen*, S. 21
- *Bügeln*, S. 26/27
- *Gerade Linien nähen*, S. 30
- *Eine Naht anfangen und beenden*, S. 31

Bestens geeignet für:

- leichte und mittelschwere Stoffe
- festere Stoffe

1 Machen Sie 2 cm von der Kante entfernt eine Falte in den Stoff, und bügeln Sie sie. Achten Sie dabei darauf, dass die Falte parallel zur Kante verläuft.

2 Klappen Sie die erste Falte wieder auf. Benutzen Sie die Nahtlehre, um genau zu messen, und machen Sie 2 cm von der ersten Falte entfernt und parallel dazu eine weitere Falte, und bügeln Sie sie. Stellen Sie auf diese Weise weitere Falten her, bis Sie für jede benötigte Biese eine Falte gemacht haben.

3 Stellen Sie an der Nähmaschine einen mittellangen Geradstich ein. Beginnen Sie mit der letzten Falte, die Sie hergestellt haben, legen Sie den Stoff so unter den Nähfuß, dass die Nadel sehr nah an der gefalteten Kante näht. Hierfür können Sie die Markierungen auf der Stichplatte nicht als Führung verwenden, deshalb sollten Sie einen anderen Punkt auf dem Flachbett der Maschine finden, an den Sie die Stoffkante anlegen können: Hier wurde die Innenkante des rechten Transporteurs benutzt. Nähen Sie mit der Nähmaschine an der Falte entlang, nähen Sie an beiden Enden rückwärts, um die Naht zu verriegeln.

4 Gehen Sie weiter zur nächsten Falte und wiederholen Sie Schritt 3. Fahren Sie fort, bis jede Falte genäht und alle Biesen hergestellt sind.

5 Bügeln Sie alle Biesen flach auf die Seite, die Sie bevorzugen.

Oben: aufgenähtes Band

Band oder Borte annähen

Diese Verzierungen eignen sich fabelhaft, wenn man ein Projekt aufpeppen oder ein Kleidungsstück individuell gestalten möchte. Sie sind nicht schwer anzunähen, benötigen aber etwas Übung im Geradeausnähen.

Siehe auch:

- *Stiche*, S. 23
- *Mit der Nähmaschine nähen*, S. 21
- *Mit Stecknadeln fixieren*, S. 24
- *Heften*, S. 25
- *Gerade Linien nähen*, S. 30
- *Eine Naht anfangen und beenden*, S. 31

Bestens geeignet für:

- alle Stoffe

1 Stecken und heften Sie das Band oder die Borte in der gewünschten Position auf den Stoff. Heften Sie dabei ein wenig von den Kanten entfernt.

2 Stellen Sie einen mittellangen Geradstich ein. Legen Sie den Stoff so unter den Nähfuß, dass die Nadel sehr nah am Rand des Bandes näht. Sie werden die Markierungen auf der Stichplatte nicht als Führung verwenden können, deshalb müssen Sie sich wirklich darauf konzentrieren, dass Sie den Stoff gerade durch die Maschine bewegen. Dabei hilft es, langsam zu nähen und die Kante des Nähfußes zu beobachten und nicht die Nadel, weil Sie durch ihre Auf- und Abbewegung abgelenkt werden. Nähen Sie am Band entlang, nähen Sie an beiden Enden rückwärts, um die Naht zu verriegeln.

3 Beginnen Sie am selben Ende des Bandes wie beim ersten Mal und nähen Sie auf dieselbe Weise an der anderen Kante entlang. Es ist wichtig, jedes Mal am selben Ende anzufangen, denn dicht beieinanderliegende Stichlinien, die in entgegengesetzte Richtung laufen, können den Stoff verziehen, und das Band liegt nicht mehr flach.

Zackenlitze annähen

Die Zackenlitze ist eine der hübschesten Verzierungen, die es gibt, und verleiht sowohl Kinder- als auch Erwachsenenkleidung einen großartigen Retro-Look.

Siehe auch:

- *Stiche*, S. 23
- *Mit der Nähmaschine nähen*, S. 21
- *Mit Stecknadeln fixieren*, S. 24
- *Heften*, S. 25
- *Gerade Linien nähen*, S. 30
- *Eine Naht anfangen und beenden*, S. 31

Bestens geeignet für:

- alle Stoffe

Unten: aufgenähte Zackenlitze

1 Stecken und heften Sie die Zackenlitze auf dem Stoff fest. Heften Sie dabei an einer Kante entlang, und machen Sie in jeden Bogen einen Stich.

2 Stellen Sie einen mittellangen Geradstich ein. Platzieren Sie den Stoff so unter dem Nähfuß, dass die Nadel in der Mitte der Zackenlitze näht. Überprüfen Sie, in welchem Bezug die eine Kante des Nähfußes zur gebogenen Kante steht. Nähen Sie sehr langsam, achten Sie dabei darauf, dass der Nähfuß in Bezug auf die Bögen an derselben Stelle bleibt. Wenn Sie versuchen zu beobachten, wohin sich die Nadel bewegt, wird die Naht schief, weil Sie von der Auf- und Abbewegung der Nadel und dem Zickzackrand abgelenkt werden.

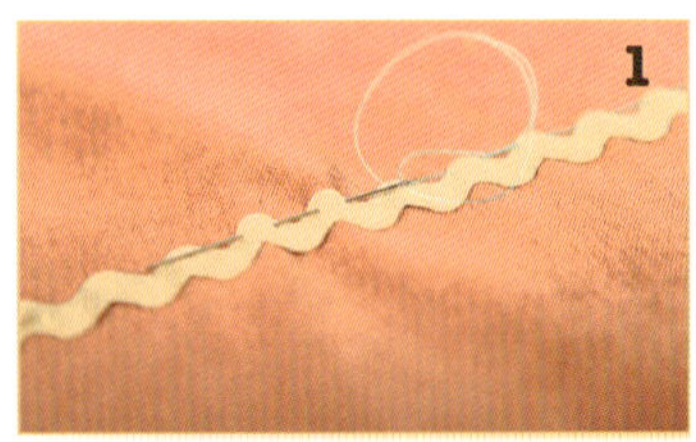

Spitze annähen

Spitze ist zart und romantisch und kann mit dieser Technik als Kantenabschluss angenäht oder in den Stoff eingefügt werden. Das großartige, sehr professionell wirkende Ergebnis ist überraschend leicht zu erzielen. Es lohnt sich aber immer, vorher ein Testbeispiel mit der Spitze und dem Stoff des Projekts anzufertigen, um zu überprüfen, ob es so aussieht, wie Sie gehofft haben, und die Spitze zum Gewicht des Stoffes passt. Für die hier angewandte Technik wurde eine Spitze mit gerader Kante verwendet, aber mit einer ungleichmäßigen Kante funktioniert sie genauso gut.

Oben: eingesetzte Spitze

1
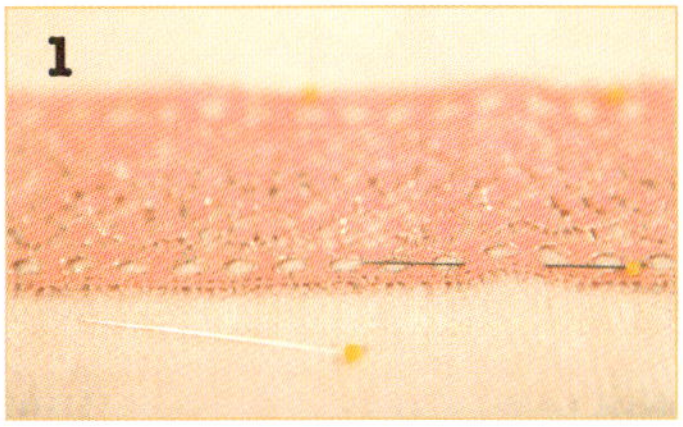

2

3
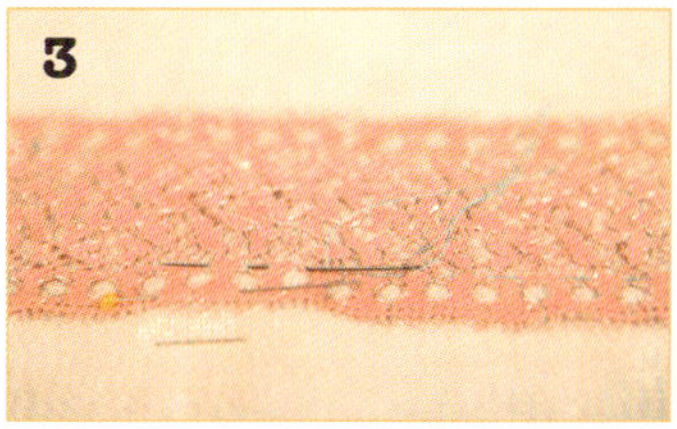

4

5

6

Siehe auch:

· *Stiche*, S. 23
· *Mit der Nähmaschine nähen*, S. 21
· *Mit Stecknadeln fixieren*, S. 24
· *Heften*, S. 25
· *Gerade Linien nähen*, S. 30
· *Eine Naht anfangen und beenden*, S. 31

Bestens geeignet für:
leichte Stoffe

1 Stecken Sie die Spitze in der gewünschten Position auf den Stoff.

2 Legen Sie den Stoff (mit der angesteckten Spitze) mit der rechten Seite nach unten auf den Tisch. Orientieren Sie sich an den Hinterseiten der Stecknadeln, und legen Sie einen Streifen abreißbares Vlies dort auf die Rückseite des Stoffes, wo die Spitze festgesteckt ist. Schneiden Sie das Vlies ein wenig breiter zu als die Spitze.

3 Heften Sie auf der rechten Seite durch alle Lagen hindurch, stechen Sie dabei ein wenig von den Kanten der Spitze entfernt ein. Entfernen Sie dann alle Stecknadeln.

4 Stellen Sie auf der Nähmaschine einen schmalen, engen Zickzackstich ein. Legen Sie den Stoff so unter den Nähfuß, dass die Nadel nah an der Kante der Spitze näht: Die genaue Position hängt von der Beschaffenheit der Kante ab. Diese Spitze hat einen sehr zarten Rand, deshalb liegt die Naht knapp innerhalb dieses Randes. Ob Sie die richtige Position eingestellt haben, überprüfen Sie, indem Sie am Handrad drehen, bis die Nadel die Spitze gerade so berührt. Drehen Sie dann weiter, und machen Sie einen kompletten Zickzackstich. Befolgen Sie die Schritte 2/3 aus dem Kapitel *Band oder Borte annähen* (S. 90), um die Spitze am Stoff festzunähen.

5 Legen Sie den Stoff mit der rechten Seite nach unten auf den Tisch, und reißen Sie vorsichtig das Vlies von den Stichen ab. Vielleicht müssen Sie eine Pinzette verwenden, um alle Schnipsel von der Rückseite der Stiche abzuziehen. Ziehen Sie aber besser nicht allzu fest.

6 Schneiden Sie mit einer kleinen, spitzen Stickschere GANZ VORSICHTIG den Stoff zwischen den beiden Zickzacknähten heraus. Schneiden Sie so nah wie möglich an den Stichen, ohne jedoch tatsächlich hineinzuschneiden.

Freihandstickerei

Die unten aufgeführten Schritte bieten eine einfache Einführung in die weite, aufregende Welt des Stickens mit der Nähmaschine – eine Welt, die Sie, wie ich hoffe, weiter erkunden wollen. Lesen Sie vorher unbedingt in Ihrer Betriebsanleitung den Abschnitt über Freihandstickerei. Sicherlich müssen Sie die Transporteure senken und entweder einen Stickfuß (der manchmal auch Stopffuß genannt wird) einsetzen oder gar keinen Nähfuß verwenden. Wenn Letzteres der Fall ist, müssen Sie sehr aufpassen, dass Sie sich nicht über die Finger nähen. Bewegen Sie den Stoff unter der Nadel, indem Sie den äußeren Rand des Stickrahmens festhalten, anstatt den Stoff mit den Händen zu schieben.

Oben: mit Freihandstickerei hergestellte Blume

Siehe auch:

- *Wie eine Nähmaschine funktioniert*, S. 10
- *Stiche*, S. 23
- *Mit der Nähmaschine nähen*, S. 21

Bestens geeignet für:

alle Stoffe

1 Zeichnen Sie mit dem Stoffmarker ein Motiv auf den Stoff.

2 Legen Sie den Stoff auf ein Stück abreißbares Vlies von derselben Größe, und stecken Sie beide Lagen in einen Stickrahmen – der innere Ring liegt dabei über dem Stoff.

3 Stellen Sie an der Nähmaschine einen Geradstich mit Stichlänge Null ein, senken Sie die Transporteure ab, und bringen Sie einen Stickfuß an. Platzieren Sie den Stoff so unter dem Nähfuß, dass sich die Nadel auf der einen Seite des Motivs befindet. Drehen Sie am Handrad, sodass die Nadel einmal nach unten geht und wieder nach oben kommt und eine Schlaufe des Unterfadens auf die rechte Seite zieht. Halten Sie beide Fäden auf eine Seite, wenn Sie anfangen zu nähen. Nach ein paar Stichen können Sie sie abschneiden.

4 Da die Transporteure abgesenkt sind, wird die Länge und die Richtung der Stiche von der Geschwindigkeit bestimmt, in der sie den Stickrahmen bewegen. Führen Sie den Stickrahmen so, dass die Nadel auf dem Motiv näht. Drücken Sie anfangs langsam auf das Pedal, und bewegen Sie den Rahmen so, dass die Stiche der vorgezeichneten Linie folgen.

Den Stickrahmen umwickeln

Wenn Sie den inneren Ring des Stickrahmens mit dünnem, diagonal geschnittenem Stoff (s. *Schrägband herstellen*, S. 74) umwickeln, greift er den zu bestickenden Stoff besser; außerdem verringert dies das Risiko, dass Abdrücke im Stoff zurückbleiben. Wickeln Sie dazu den Stoffstreifen ganz fest um den Ring, und befestigen Sie das Ende an der Innenseite mit ein paar kleinen Stichen.

Applikationen

Es gibt verschiedene Arten von Applikationen, und der hier gezeigte Stil ist der fürs Nähen mit der Maschine am häufigsten verwendete. Wie beim Freihandsticken (gegenüber) gibt es auch hier eine große Bandbreite an Techniken, die zum Ausprobieren einladen.

Oben: appliziertes Herz

Siehe auch:

- *Stiche*, S. 23
- *Mit der Nähmaschine nähen*, S. 21

Bestens geeignet für:

alle Stoffe

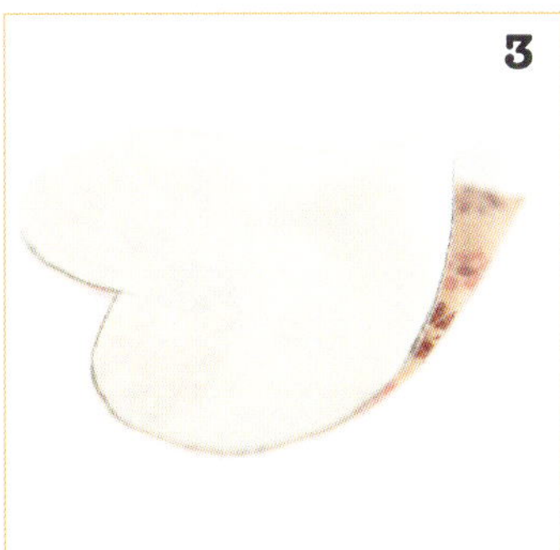

1 Bügeln Sie nach den Anweisungen des Herstellers Vliesofix auf die Rückseite eines Stücks Stoff.

2 Zeichnen Sie mit einem Bleistift das gewünschte Motiv auf die Papierrückseite des Vliesofix. Beachten Sie, dass das Motiv spiegelverkehrt herauskommt, wenn Sie auf die Rückseite zeichnen: Dies spielt eine Rolle, wenn Sie z. B. Buchstaben oder Zahlen applizieren wollen.

3 Schneiden Sie das Motiv aus, und entfernen Sie das Trägerpapier.

4 Bügeln Sie nach den Anweisungen des Herstellers das Motiv auf die rechte Seite des Hintergrundstoffes auf.

5 Stellen Sie auf der Nähmaschine einen breiten, engen Zickzackstich ein, der auch Plattstich genannt wird. Drehen Sie am Handrad, bis sich die Nadel nach rechts bewegt. Legen Sie den Stoff so unter den Nähfuß, dass die Nadel, wenn sie auf der rechten Seite des Stiches einsticht, knapp außerhalb der Motivkante in den Stoff sticht. Nähen Sie im Plattstich langsam um das Motiv herum. Wenn Sie den Stoff drehen müssen (z. B. an einer Ecke), lassen Sie die Nadel auf der rechten Seite des Stiches im Stoff stecken. Heben Sie den Nähfuß an, drehen Sie den Stoff, wie es nötig ist, und nähen Sie dann weiter. Auf diese Weise bleibt der genähte Umriss glatt.

Patchwork

Mit der Nähmaschine angefertigtes Patchwork ist ein breites Feld, und es gibt zahllose Bücher, in denen verschiedene Techniken und Blockmuster detailliert beschrieben werden. Hier ist ein kleiner Vorgeschmack darauf, was durch das einfache Anordnen von Quadraten erreicht werden kann. Je exakter Sie schneiden, nähen und Nähte angleichen, desto besser wird das Patchwork aussehen.

Oben: einfaches Patchwork

Siehe auch:

- *Stiche*, S. 23
- *Mit der Nähmaschine nähen*, S. 21
- *Mit Stecknadeln fixieren*, S. 24
- *Bügeln*, S. 26/27
- *Gerade Linien nähen*, S. 30
- *Eine Naht anfangen und beenden*, S. 31
- *Versäubern*, S. 32
- *Offene Naht*, S. 34
- *Sich kreuzende Nähte*, S. 39

Bestens geeignet für:

- leichte und mittelschwere Stoffe

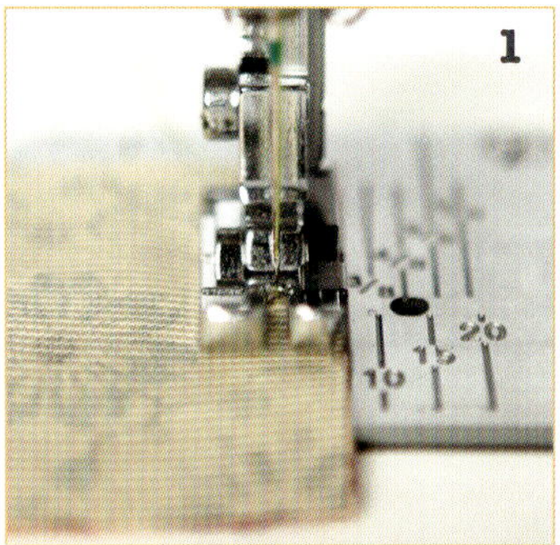

1 Schneiden Sie Quadrate aus verschiedenen Stoffen aus, geben Sie dabei der gewünschten Größe auf allen Seiten 5 mm zu. Stellen Sie auf der Nähmaschine einen mittellangen Geradstich ein. Stecken Sie die Quadrate mit einer Nahtzugabe von 5 mm (hier ist ein Patchworkfuß mit einem 5-mm-„Zeh" sehr nützlich) mit Stecknadeln rechts auf rechts, und nähen Sie sie mit der Nähmaschine zusammen, um einen Streifen in der gewünschten Länge herzustellen. Stellen Sie auf diese Weise so viele Streifen her wie nötig.

2 Schneiden Sie die Enden der Nahtzugaben schräg ab, wie auf der Abbildung gezeigt.

3 Pressen Sie die Naht mit dem Bügeleisen auseinander.

4 Stecken Sie die Streifen rechts auf rechts zusammen, und achten Sie darauf, dass die Nähte auf einer Linie sind.

5 Nähen Sie die Streifen mit einer Nahtzugabe von 5 mm mit der Nähmaschine zusammen, um Patchwork herzustellen.

Quilten

Genau wie Patchwork bietet das Quilten mit der Nähmaschine eine breite Palette an Möglichkeiten. Hier haben wir nur Platz für die Grundlagen. Aber es ist eine hervorragende Basis, und Sie können sie ohne Weiteres weiterentwickeln. Denken Sie immer daran, die Fadenspannung an einer Probe aus Resten aller Stoffe zu testen.

Oben: einfach gequilteter Stoff

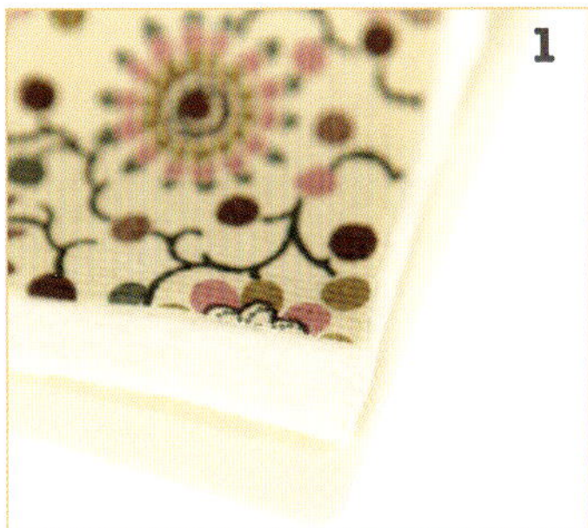

1

2

3

4

1 Sie brauchen Hauptstoff, Einlage und Futterstoff; die beiden letzteren sollen bis zu 5 cm größer sein als der Hauptstoff. Hier wurde eine Einlage aus Wolle verwendet. Legen Sie die Stoffe so zusammen, dass das Futter mit der rechten Seite nach unten liegt, darauf die Einlage (unversäuberte Kanten zusammen), dann der Hauptstoff mit der rechten Seite nach oben und mittig. Stecken Sie die Lagen entlang der Kanten zusammen.

2 Beginnen Sie an einer Ecke, und heften Sie von dort diagonal zur gegenüberliegenden Ecke. Wiederholen Sie dies in die andere Richtung, sodass ein X entsteht. Heften Sie dann ein Kreuz; beginnen Sie in der Mitte einer Kante und heften Sie in gerader Linie zur Mitte der anderen Kante; das Gleiche in die andere Richtung. Entfernen Sie die Stecknadeln, sie sind jetzt überflüssig. Heften Sie schließlich an den Kanten entlang. Das Heften scheint zeitraubend zu sein, aber dadurch verschieben sich die Lagen nicht mehr, wenn man mit der Nähmaschine näht, deshalb lohnt es sich in jedem Fall. Wenn das Projekt jedoch sehr klein ist (vielleicht kleiner als 20 x 20 cm), kann es ausreichen, das diagonale Kreuz und die Kanten zu heften.

3 Um ein einfaches Muster aus Linien zu quilten, beginnen Sie in der Mitte einer Kante. Stellen Sie einen mittellangen Geradstich ein, und verwenden Sie, falls notwenig, einen Quiltfaden für die Nähmaschine, Sie können aber auch herkömmliches Nähgarn verwenden. Falls Sie einen Quiltfuß haben, bringen Sie ihn jetzt an, wenn nicht, verwenden Sie einen Geradstichfuß. Nähen Sie mit der Nähmaschine gerade über den Stoff, und nähen Sie dabei an beiden Enden ein paar Stiche rückwärts.

4 Am Nähfuß kann eine Quiltführung angebracht werden, mit der die benötigte Breite eingestellt werden kann. Legen Sie den Stoff so unter die Nähmaschine, dass das Ende der Quiltführung auf der ersten Naht liegt. Nähen Sie mit der Maschine über den Stoff; dabei soll sich das Ende der Quiltführung an den Stichen entlang bewegen. Fahren Sie auf diese Weise fort, und nähen Sie ein paar Linien in eine Richtung über den Stoff. Drehen Sie dann die Quiltführung um, und stellen Sie dieselbe Anzahl von Linien in die andere Richtung her. Fahren Sie auf diese Weise fort, bis der Stoff vollkommen gequiltet ist.

Siehe auch:

- *Stiche*, S. 23
- *Mit der Nähmaschine nähen*, S. 21
- *Mit Stecknadeln fixieren*, S. 24
- *Heften*, S. 25
- *Gerade Linien nähen*, S. 30
- *Eine Naht anfangen und beenden*, S. 31

Bestens geeignet für:

- leichte und mittelschwere Stoffe

Register